大相撲の力

テレビ観戦がもっと楽しめる相撲界おもしろ話

塩澤実信

Minobu Shiozawa

メトロポリタン新書

まえがき

日本の国技といわれる大相撲から、二代貴乃花が引退以降、日本人の横綱は一人も出ていない。

ハワイ出身の武蔵丸につづいて、朝青龍、白鵬、日馬富士、鶴竜の四力士が横綱に推挙されているが、彼らはいずれもモンゴル出身である。

横綱に推挙されるには、大関で二場所連続優勝するか、これに準ずる好成績を残した力士で、品格、力量が抜群と認められた者を、相撲協会が横綱審議会に諮問し、三分の二以上の賛成を得て後、本場所終了三日以内に開かれる番付編成会議で正式に誕生させることになっている。

大関の地位で二場所連続優勝、またはそれに準ずる成績となると、なによりも土俵で強いことを意味し、品格・力量が抜群……云々は体面をおもんばかって付随条件に過ぎないようだ。

その証左は、昨今営業政策で誕生した横綱の土俵上のマナー、日常の言動に瞥見《べっけん》できるお粗末さである。一度の優勝もなく準優勝で横綱になった双羽黒は例外にしても、優勝を二十五回も重ねていた朝青龍の引退理由は、あまりにも日本の伝統文化に泥を塗る軽率さだった。

大学を卒業し社会生活に第一歩を印した二十二、三歳の、まだ遊び盛りの若者と同年代が、大関や横綱になって、その途端、人格、品格、力量が抜群となるなどありえない。番付上、不動の横綱に推され、付き人が数人は付き、角界の看板として、日本の一流の人々と対等に付き合うようになれば、自惚れが出て唯我独尊になるのも無理はないだろう。

しかし、土俵あっての〝ちからびと〟……。その目測を誤れば無残な結果が待っているのである。

国技が看板の大相撲に日本人の横綱が絶えて久しいのは、二場所連続優勝はおろか、日本人力士の優勝は平成十八（二〇〇六）年一月場所、二代目栃東が大関の地位で十四勝一敗で成って以来、二十七年名古屋場所まで五十六場所、外国人力士に奪われているからである。

その内訳を明かすと、この間、モンゴル出身の白鵬が三十五回、朝青龍が十回、日馬富士六回、琴欧洲、把瑠都、旭天鵬、鶴竜、照ノ富士が各一回となっている。

八年余、五十六場所にわたり、優勝盃が外国人力士に抱かれている現実をどう見るか。〝国技〟の看板が泣く格好で、相撲人気は一時、衰退したかの感があった。

が、白鵬の、大鵬の優勝記録三十二回を抜く快挙、新しいヒーロー照ノ富士の優勝もあって、東京、大阪、名古屋、九州の各場所は四場所連続、満員御礼の垂れ幕が下がっている。懸賞本数も増える一方で、名古屋場所は千五百九本と、地方場所の最高本数を更新していた。

大相撲の、この上げ潮ムードに応えて、小冊は出版されることになったが、本書に収められた大部の記事は、ベースボール・マガジン社の「相撲界」に連載されたものである。

長期にわたった連載の中から、『力士の肖像――芸術家が見た名力士の横顔』（ベースボール・マガジン社刊）を上梓していて、本書は『力士の肖像』に収録しえなかったものに大幅な補筆をし、さらに書き下ろしも加えている。

戦前の昭和、双葉山全盛期に熱狂的な相撲ファンになった私に、十年近い連載を「相撲界」に書くよう慫慂されたのは、ベースボール・マガジン社オーナーの池田恒雄氏であった。

つつしんで、この著書を、池田恒雄氏と、相撲狂であった父塩澤賢三の霊位に捧げたい。

平成二十七年七月吉日

塩澤実信

目次

第二章　土俵上に表徴された人生

第三章　伝統文化　相撲の周辺

●日本相撲協会設立（一九二五）以降の歴代横綱一覧

代	四股名	出身地	所属部屋	昇進決定	年齢	最終場所	年齢	在位
32	玉　錦	高知県	二所ノ関	一九三二年一〇月	二八歳	一九三八年五月	三四歳	一二場所
33	武蔵山	神奈川県	出羽海	一九三五年五月	二五歳	一九三九年五月	二九歳	八場所
34	男女ノ川	茨城県	高　砂	一九三六年一月	三二歳	一九四二年三月	三八歳	一二場所
35	双葉山	大分県	双葉山	一九三七年五月	二五歳	一九四五年九月	三三歳	一七場所
36	羽黒山	新潟県	立　浪	一九四一年五月	二六歳	一九五三年九月	三八歳	三〇場所
37	安芸ノ海	広島県	出羽海	一九四二年五月	二八歳	一九四六年九月	三二歳	八場所
38	照　国	秋田県	伊勢ヶ浜	一九四二年五月	二三歳	一九五三年一月	三四歳	二五場所
39	前田山	愛媛県	高　砂	一九四七年六月	三三歳	一九四九年九月	三五歳	六場所
40	東富士	東京都	高　砂	一九四八年一〇月	二七歳	一九五四年九月	三二歳	二〇場所
41	千代の山	北海道	出羽海	一九五一年五月	二四歳	一九五九年一月	三二歳	三二場所
42	鏡　里	青森県	時津風	一九五三年一月	二九歳	一九五八年一月	三四歳	二一場所
43	吉葉山	北海道	高　島	一九五四年一月	三三歳	一九五八年一月	三七歳	一七場所

44	栃錦	東京都	春日野	一九五四年一〇月	二九歳	一九六〇年五月	三五歳	二八場所
45	若乃花	青森県	花籠	一九五八年一月	二九歳	一九六二年五月	三四歳	二五場所
46	朝潮	鹿児島県	高砂	一九五九年三月	二九歳	一九六二年一月	三二歳	一七場所
47	柏戸	山形県	伊勢ノ海	一九六一年九月	二二歳	一九六九年七月	三〇歳	四七場所
48	大鵬	北海道	二所ノ関	一九六一年九月	二一歳	一九七一年五月	三〇歳	五八場所
49	栃ノ海	青森県	春日野	一九六四年一月	二五歳	一九六六年一一月	二八歳	一七場所
50	佐田の山	長崎県	出羽海	一九六五年一月	二六歳	一九六八年三月	三〇歳	一九場所
51	玉の海	愛知県	片男波	一九七〇年一月	二五歳	一九七一年九月	二七歳	一〇場所
52	北の富士	北海道	九重	一九七〇年一月	二七歳	一九七四年七月	三二歳	二七場所
53	琴桜	鳥取県	佐渡ヶ嶽	一九七三年一月	三二歳	一九七四年五月	三三歳	八場所
54	輪島	石川県	花籠	一九七三年五月	二五歳	一九八一年三月	三三歳	四七場所
55	北の湖	北海道	三保ヶ関	一九七四年七月	二一歳	一九八五年一月	三一歳	六三場所
56	若乃花	青森県	二子山	一九七八年五月	二五歳	一九八三年一月	二九歳	二八場所
57	三重ノ海	三重県	出羽海	一九七九年七月	三一歳	一九八〇年一一月	三二歳	八場所
58	千代の富士	北海道	九重	一九八一年五月	二六歳	一九九一年五月	三五歳	五九場所

59	隆の里	青森県	二子山	一九八三年七月	三〇歳	一九八六年一月	三三歳	一五場所
60	双羽黒	三重県	立浪	一九八六年七月	二二歳	一九八七年一一月	二四歳	八場所
61	北勝海	北海道	九重	一九八七年五月	二三歳	一九九二年三月	二八歳	二九場所
62	大乃国	北海道	放駒	一九八七年九月	二四歳	一九九一年七月	二八歳	二三場所
63	旭富士	青森県	大島	一九九〇年七月	三〇歳	一九九二年一月	三一歳	九場所
64	曙	ハワイ	東関	一九九三年一月	二三歳	二〇〇一年一月	三一歳	四八場所
65	貴乃花	東京都	二子山	一九九四年一一月	二二歳	二〇〇三年一月	三〇歳	四九場所
66	若乃花	東京都	二子山	一九九八年五月	二七歳	二〇〇〇年三月	二九歳	一一場所
67	武蔵丸	ハワイ	武蔵川	一九九九年五月	二八歳	二〇〇三年一一月	三二歳	二六場所
68	朝青龍	モンゴル	高砂	二〇〇三年一月	二二歳	二〇一〇年一月	二九歳	四二場所
69	白鵬	モンゴル	宮城野	二〇〇七年五月	二二歳			
70	日馬富士	モンゴル	伊勢ヶ浜	二〇一二年九月	二八歳			
71	鶴竜	モンゴル	井筒	二〇一四年三月	二八歳			

第一章　わが相撲狂の半生

相撲狂少年誕生記

重箱読みの由来

名刺を交換してすぐ、「実信」という私の名前を「みのぶ」と読んでくれる人は少ない。「じっしん」「じつのぶ」「さねのぶ」などと読む人がほとんどで、「みのぶと読む」と説明すると、「めずらしい読み方ですね」と言い、好奇心の強い人は、さらに命名の由来を聞いてくることもある。

名前には、子どもの幸運を願う親の望みがこめられていて、とくに初めての子どもの命名には、その願いが顕著のようである。しかし、三男である私の名前は、そのようなものではなく、父親の相撲狂が高じたあげくの命名であった。

私のおやじは、信州は飯田の在に酒店を開いていたが、若い頃、草相撲の役力士だったことが自慢だった。四股名を「彌生山《やよいやま》」と名のり、氏神様の奉納相撲で優勝したこともあったそうである。土俵の中央で四つに組んだセピア色の写真や、軍配、化粧廻しなどが、物置の隅に残っていたのを記憶している。

骨太で膂力《りょりょく》は強かったが、大兵《たいひょう》ではなかった。それでいて、相撲が強かったのは、技をよく知っていたからだろう。

おやじが、山深い信州育ちながら、相撲の技に通じていたのは、大正の末期から大相撲の場所ごとに上京して、本郷の東大近くの叔父の家に宿を取り、一週間近く観戦するのを習しとしていたからだった。

当然、力士の経歴から得意技、名勝負の一部始終をよく知っていた。本場所をまのあたりに見た者のリアリティをただよわせて、名力士の相撲ぶりや、勝負のあれこれを近所の人たちに話していた。

私の名前が、相撲にかかわりがあると知ったのは、もの心がついてかなり後のことであった。

母親の説明では、私が生まれた頃の相撲協会の偉い人にあやかったもので、その人は昭和初期の陸軍大将だと言っていた。

子ども心に、陸軍の大将が、なんで相撲協会の偉い人であるのか、得心がいかなかった。滅多に子どもとは口をきかないおやじの口から、命名の由来を聞いたのは、私がいっぱしの相撲狂となり、ラジオから流れる中継放送を、熱心に聴く小学生二、三年生の頃だった。

相撲少年時代　父と共に

荒木貞夫陸軍大将ばりのヒゲをはやし、子どもにはやさしい顔や、うちとけた態度を見せなかった男が、ある日、相撲中継を夢中で聴く私に、照れで半ば怒ったような口調で、

「実信の名前は、相撲協会の会長・尾野実信閣下にあやかって付けたものだ。閣下はお父さんが現役で豊橋の連隊に入営していた頃、第十五師団長から教育総監本部長になられ、その後陸軍大将に出世した立派な軍人だった……」

といった意味のことを、唐突に言ったものだった。

軍国少年の純粋培養を受けている最中で、陸軍大将という件が、印象的だった。

後年、私自身が調べたところでは、尾野実信は、陸軍大学を首席で卒業し、明治三十七年の日露戦争の折、満州軍総司令官大山元帥の参謀兼副官をつとめ、後に駐独武官、大将に栄進した軍政家肌の軍人だった。軍事参議官時代、長州閥の巨魁《きょかい》・山県有朋の亡き後、陸軍を牛耳った宇垣一成派と対立。薩派の上原勇作派に属して軍縮案に反対して敗れ、現役を去っていた。

宇垣とは、早くからそりが合わず、第十五師団長から本部長に転任したときには、宇垣一成の日記に「世の中は可笑《おか》しきものにて親補職より平武士に成り下りしを中央部の権威を増すものなりと謳歌するの士もある」と憫笑されていた。

左は父のアルバムに遺された尾野実信閣下の写真（中央の馬上）
右は別冊相撲「国技相撲の歴史」（ベースボール・マガジン社）より。

教育総監本部長という職責が、次官や参謀次長より格が下で、天皇が任命する親補職の師団長からみれば、次長ポストであっても〝平武士〟格にみられたからであった。

しかし、この位置は、陸軍次官から陸軍大臣への一ステップとされた。尾野もこのあと、次官へすすむが、大臣を指呼の間に臨みながら、軍事参議官へまつり上げられていた。

面白いことに宇垣自身も、尾野の三年後に第十師団長から〝平武士〟こと本部長のコースを辿るが、彼は一転、自らを正当化して、臆面もなく、次のように日記に書いていた。

「中央政界に近く位置して観測するも活機を捕捉

し時代匡救《ぎょうきゅう》の策を講ずるには一段の便宜存すべし」

陸軍大臣クラスの相撲協会長

宇垣一成という軍人は、一事が万事この調子だった。大正十三年一月一日の年頭日記を読むと、たぐいまれな自信家、ドン・キホーテ的な人物像がうかびあがってくる。

「光輝ある三千年の歴史を有する帝国の運命盛衰は繋りて吾一人にある。親愛する七千万同胞の栄辱興亡は預かりて吾一身にある。余は此の森厳なる責任感と崇高なる真面目とを以て勇往する。余は進取、積極、放胆、活溌、偉大の精神意気を以て驀進する。世態人情の趣向は余の此の決意を一層鞏固ならしめたり」

尾野実信は、この自信過剰、大日本帝国の盛衰を一人で支えていると自負する宇垣一成一派に敗れて、大正十四年五月、予備役に回された。そして、野に下って引受けた名誉職が昭和五年五月、大日本相撲協会の第二代目会長への就任だった。前任は参謀次長を歴任した陸軍大将福田雅太郎で、彼は尾野の先輩にあたり、陸軍の長老・上原元帥によって、田中義一陸軍大臣の後任に推されたこともあった。いわば、相撲協会は、二代にわたって陸軍大臣クラスの大物を会長にいただいていたわけであった。大相撲が、昭和の初期どのような位置付にあったかが、歴代会長の前歴に示されている。

大相撲は、昭和二年一月場所から、東京と大阪に分かれていた両協会が正式に合併し、大日本相撲協会の名称になった。年四回本場所が決り、春夏の東京場所のほか、三月、十月の二回関西場所を設けることになったのである。

三年一月場所から、仕切り時間が幕内十分、十両七分、幕下五分となり、仕切り線が設定された。そして相撲史上画期的な改革があって、ラジオの実況中継放送が開始されたのは、この場所からだった。

当時のニュー・メディア、ラジオの中継が決まるまでには、協会との間に紆余曲折があった。大正末期から経営難に陥っていた協会は、

「もし相撲の中継放送を許したら、国技館の観客はますます減ってしまうだろう」

と、東京中央放送局の申し入れに、容易に応じようとはしなかった。

この膠着状態に風穴を開けたのは、六代目出羽海親方だった。先見の明のある親方は、「元来相撲は見るべきものである。ラジオでおもしろそうな勝負を耳にすれば、相撲に関心の薄い人もきっと国技館に来てくれるだろう」と主張して、ようやく中継に漕ぎつけたのだった。

昭和三年一月場所から、中継放送は開始される。土俵際にマイクロホンをおき、アナウンサーの松内則三《まつうちのりぞう》が、国民新聞の相撲記者石谷勝をわき役に、歯切れのいい言葉で一番一番を熱情を込め放送し始めたのである。

ラジオの普及数は全国で五二一、〇四二台と、世帯数のわずか一〇％前後であった。しかし、東京・両国の国技館から実況中継されはじめると、大鉄傘下のマス席は、たちまち超満員になってしまった。

山深い信州にも、二本の高い竹ザオに張られたアンテナを伝わって、雑音と音量斑《むら》の多い放送は流れてきた。草相撲の彌生山こと私のおやじは、その放送を聴いて血をたぎらせたに違いない。

おやじは、山国の信州から、夜行列車に十余時間もゆられて上京し、本郷の叔父の家に旅装をといて、お茶の水から両国の国技館へ通い、あこがれの本場所の雰囲気に酔い痴れはじめた。

私が生まれる頃の本場所の初日には、陸軍大将で協会会長尾野実信の挨拶があったことだろう。陸軍上等兵のおやじは、はるか遠いマス席で閣下の威容に接し「こんど生まれてくる子どもは、男の子だったら閣下の名前をちょうだいしよう」

と、心に念じていた。

五年の暮れに私は誕生した。おやじは、ためらうことなく、大日本相撲協会会長・尾野実信の名前を拝借する仕儀となったのである……。

小学校へ入学する頃から、無敵の大横綱・双葉山の活躍がはじまる。私は自らの名前の由来も知らずに、感度の悪いラジオにしがみつき、中継放送に胸をときめかせる一端《いっぱし》の相撲狂少年になっていた。

わが相撲ファン入門記

相撲メンコの思い出

平成三年春場所十二日目の、大関・小錦と前頭・貴花田の一戦は、瞬間最高視聴率が五十二・二パーセントに達した。当時、一億二千三百万人の日本人のうち、五千数百万人が、この一戦を観ていたわけで、双葉山が全勝街道を驀進していた時代に優るとも劣らない、フィーバーぶりだったといえる。

十八歳七カ月——少年の面影をのこした若武者の、目を見張る活躍ぶりが、この驚嘆すべき視聴率を可能にさせたわけである。国技大相撲はさらに茶の間に浸透し、相撲ファンは一段とふるえたにちがいない。

相撲にかぎらず、興行の世界は、新しいヒーローの出現によって、飛躍的に殷賑《いんしん》をきわめる傾向がある。その動きを扇動し、加速させるのが、マス・メディアであって、昭和二十八（一九五三）年からは、テレビの普及によって、相撲ファンの数はケタはずれに伸びたのだった。それ以前はラジオ、新聞、雑誌がその役割をはたしていた。

戦前の子どもたちは、さらに遊びの中で、時代のヒーローに親しみ、ファンになる機会をもっていた。相撲を例にとると、「ペッタン」とか「メンコ」と呼ばれるボール紙に力士の写真を貼った遊び道具が、その媒体となっていた。

この遊びは、都会っ子も、田舎の子にも共通していたようで、東京生まれの美術評論家・石子順造の『軍旗からテレビへ—年表昭和庶民史』を、ひもとくと、そのあたりが、

「双葉山は、にくらしかった。ぼくは、玉錦が好きで、玉錦が死んでからは、玉の海を応援していた。ところが、相撲のメンコを買いに行き、新聞紙の袋を抜いて破ると、これがたいてい双葉山の写真なのだ。その相撲メンコは、何枚か重ねて左右の手に裏

返して持ち、相手にそのいずれかを選ばせ、表にしてみてあらわれた二人の力士のうちで体重の重いほうを当てた者が、一枚もらう、というやり方で選ばれた。もっともそれはまだきれいなうちで、少しきたなくなると地面において、ペッタンとして使われる。ぼくは玉錦のメンコをたくさん集めたかったのだが、どうしても双葉山が集まってしまってうんざりだった」

と、述べていた。

私は、信州は飯田の在の農村に生まれ、高校を終えるまでその地で育っているが、子ども時代に胸がわくわくするほどの遊びの一つが、やはりペッタンであった。ただし、世代を同じくする東京生まれの石子順造の相撲メンコとは、多少、おもむきが異なっていたようである。

私の育った信州は縦十五センチ、横四十センチほどの長方形の厚紙に、東西の幕内力士のカラー写真が二列に印刷されていて、左右の両端は天地いっぱい、横綱双葉山と男女ノ川《みなの》の写真が配されていた。

つまり、横綱は幕内力士の三倍くらいの大きさとなっていて、日下開山《ひのしたかいざん》の権威づけを、その倍率の差で示していたのである。

各力士の右側には、身長と体重、得意わざが記され、左側には出身地と所属部屋が記されていた。

一例をあげれば、右側に配された横綱双葉山には、「身長五尺九寸、体重三十五貫。得意手、掬投げ。大分県出身、立浪部屋」などと写真の両側に、印刷されていた。

そして、各力士の四囲には、リーダー罫状にカッターがほどこされていて、鋏を用いなくても簡単にくりぬけるようになっていた。昭和十三、四年頃、三銭程度ではなかったかと思う。相撲の観覧料が五円五十銭時代で、本場所の観覧など、夢のまた夢であった田舎の子どもたちは、三銭で幕内力士の並んだメンコを買い、ヒイキ力士への思いの丈を癒していたのだ。

初午とか、鎮守のお祭り、お年玉の折に、三銭か五銭程度のお小遣いにしかありつけぬ昭和戦前の子どもたちは、ニッケル硬貨を手にすると、汗ばむほどに握りしめて、

「一銭店」と呼ばれていた子ども相手の小店へ走り、相撲メンコを購うのだった。

わが憧れの土俵界

念願の相撲メンコを手に入れると、早速、くり抜いてポケットに収め、近所の悪童たちと、ペッタンで取ったり取られたりの勝負を挑むことになる。

ペッタンとは、二人以上の子どもたちが、それぞれメンコを地面におき、ジャンケンで順番を決めて、相手のメンコの近くに自らのメンコを「ペッタン」と叩きつけ、その一瞬の風圧で相手のカードを裏返しにすれば、勝ちと決まり、取れるという勝負であった。

そのテクニックの中に、「足掛け」「煽り」という手段もあり、「足掛け有り」になると、右が利き腕の場合、相手のメンコ近くに左足を添え、右側から叩きつけたペッタンの風圧を左足で受けとめて、より効果的に勝負を進める方法だった。「煽り」というのは、右手にメンコを持ち、地面スレスレに煽ってその煽りの風で、相手のメンコを裏返してしまうという手であった。

寒い季節の冬場だと、信州の子どもたちは半纏《はんてん》と呼ぶ綿入れの、羽織りのような短い上着を着ていたので、そのたもとの部分が、ペッタンを叩きつける折に風を誘って、勝負を優位に展開させるのだった。

相撲メンコは、新しいうちはボール紙が固く、微妙に反っていたりして、地面への密着度が少なかった。そのハンディキャップで、簡単に裏返されてしまい、虎の子を奪われやすかった。しかし、長い期間使い込むと、地面に叩きつけられた衝撃で、メンコの固さがとれ、ピタッとヒラメのように地面に張り付き容易に裏返されなかった。

私は、鞣皮《なめしがわ》のように使い込んだ〝秘密兵器〟を持っていて、負けつづきになると、それを登場させ、またたくまに五枚、十枚と荒稼ぎをして、相手をくやしがらせた。

戦利品は、両方のポケットに入れて、意気揚々と引きあげ、「いい物箱」と名づけた、父親からもらった相撲番付表、星取り表などを秘蔵している箱へ収納して、その枚数の多さを楽しんだものだった。

いい物箱に、最高に隠匿《いんとく》した時期は、たしか五百枚にも及ぶメンコが、整然とおさめられていた。雨の日など、私は泥にまみれ、よれよれになったメンコを箱からとり出し、ひそかにこれらを戦利品にした日々を思い出して、至福のひとときを過ごすのだった。

小学校二年か三年頃だったが、力士のシコ名はスラスラと読め、漢字への馴染みができたのは、相撲メンコの影響だったように思う。もっとも、「掬投げ」を「きく投げ」と読んでしまい、相撲狂のおやじに「すくいなげ」と訂正され、その投げの型を教わった記憶もある。

記憶といえば、昭和十四年頃、相撲メンコに登場していた力士は、横綱・双葉山、男女ノ川《みなのがわ》、武蔵山、大関・前田山、鏡岩。関脇・羽黒山、名寄岩《なよろいわ》。小結・玉ノ海、出羽湊。

前頭は、鹿島洋、肥州山、龍王山、五ツ島、駒の里、笠置山、安芸ノ海、綾昇、磐石《ばんじゃく》、両国、和歌島、鯱の里《しゃちのさと》、佐賀の花、照国《てるくに》、相模川、幡瀬川《はたせがわ》、高登、巴潟《ともえがた》、九州山などだった。

部屋別にみると、出羽海部屋がダン突で、東西の片面を、一部屋で占められそうな勢いだった。私のヒイキは、双葉山の七十連勝をはばんだ、安芸ノ海、五ッ島、笠置山といった、出羽海系列だった。

右から竜興山、小城ノ花、著者（平成元年　ベースボール・マガジン社忘年会にて）

高砂部屋の高登が、同郷出身の力士ということで、無条件に応援していた。が、この頃は休場つづきで、幕尻に近く〝今雷電〟の再起を、神にかけて願っていた。年に二回の本場所を、片道十時間もかけて上京し、本郷の叔母の家に泊まって、一週間は観戦していたおやじは、高登の不甲斐ない成績を、切歯扼腕《せっしゃくわん》の体《てい》で残念がっていた。
彼は、本場所を観戦した者のリアリティを、言葉のはしばしに匂わせながら、

「なあに、怪我さえ治ったら、高登関はまた小結、関脇へもどるずらに」

と、伊那弁で弁護に懸命であった。

伊那谷出身で、関脇にまですすんだ力士の存在は、少年のプライドを大いに高揚させた。本場所の十日間の実況中継を、雑音まじりのラジオにかじりついて聴いていた私は、いつの日にか国技館で目のあたりに、土俵の熱戦を観たいものとけんめいに願いつづけた。

その一念がかなえられるのは、戦後の昭和四十年代になってからだった。そして、土俵際の砂かぶりという、相撲ファンの垂涎の特別席で、観戦の機会に恵まれるのは、ベースボール・マガジン社オーナー、池田恒雄社長と知り合い、実信という名の由来を説明したことからだった。

相撲は、私の生涯をつらぬく、最も熱い思い入れの世界であった。

耳で〝見た〟世紀の一戦

相撲番付が宝物

相撲史上、不世出の大横綱双葉山が、前人未到の六十九連勝を開始したのは、昭和十一年春場所の七日目からである。前頭三枚目の瓊《たま》の浦を負かして以来、不敗街道を突きすすみ、夏場所、関脇で初の全勝優勝にはじまって、十二年春夏、両場所を大関で全勝優勝。さらに十三年春場所に横綱となり、その場所も、次の夏場所も全勝で優勝をかざった。

すでに、この優勝までに双葉山は、六十六の白星を重ねて、この星数は相撲史上にのこる第四代横綱・谷風の、安永七年（一七七八）から天明二年（一七八二）にかけての六十三連勝を超えていた。

昭和十二年七月から、日支事変が始まっていて、世間一般には緊迫感がただよいはじめていた。双葉山の連戦連勝は、中国大陸の日本軍の戦いぶりとオーバーラップされて、いやがうえにも国民の士気を高めていた。

年二回の両国での本場所は、ラジオと新聞の社会面で大々的に報道され、小学校へ入学してほどない私のような子供までが、ラジオの中継にかじりつき、むずかしい漢字で埋った社会面の相撲記事を、目で追っていた。

双葉山の特技は、新聞に「掬投げ」と記されていた。私はその字を最初「きくなげ」と読み、おやじから「すくいなげ」と訂正されて、差した方の手でマワシを取らず相手をすくうように投げる型を教えられた。

おやじの両国通いはつづいていて、私への土産は、博文館発行の「大相撲」という雑誌と墨痕鮮やかに、踊るような相撲文字で記された番付と、それに星取り表であった。

番付は、東西に分かれた力士名の真ん中にひときわ大きな文字で「蒙御免」とあり、その下に行司の名、大日本相撲協会と記され、その両側に、力士の地位と出身地、四股名に名前が、横綱以下、序ノ口まで記されていた。

上位力士の文字の大きさに較べ、一段番付が下がるごとに四股名は小さくなり、幕下以下は虫眼鏡でのぞかねば読めなくなっていた。

大日本相撲協会傘下の、力士から行司、年寄名まで、数百の名を記されたその番付は、黒々として、手にもつと指先に墨が滲んでくる感じだった。しかし、信州の片田舎にすむ少年にとって、その番付コレクションは、この上なく貴重な宝物であった。

私は「いい物箱」と名づけた引き出しの中に、幾重にも畳んだ番付を大切に保管していた。そして時折り眺めることに、至福の時を感じていた。雑誌のグラビアや、星取り表を見ることも好きだった。春秋の場所には、中継放送を聴きながら、各力士のイメージをダブらせていた。

双葉山は仏像の菩薩のような静隠さをたたえているように見えたし、男女ノ川《みなの》は顔も体も怪異で、ひいきには遠かった。張り手の前田山や、怪力で知られた玉ノ海は、勝ち気が相貌に横溢していて、張り倒されそうな威圧感があった。

幕内上位には、武蔵山、鏡岩、羽黒山、名寄岩、出羽湊、鹿島洋、肥州山、竜王山、五ッ嶋、笠置山、安芸ノ海……といった力士が活躍していたが、私はその一人一人に、相撲雑誌の写真と、番付の四股名、そしてラジオ中継の戦いぶりを重ねて、両国国技館の土俵風景をイメージしていた。

超心理学を信じるわけではないが、信州から毎場所の何日かを観戦に上京するおやじのテレパシーが、二代目会長尾野実信の名前にあやかった私に、感応していたのかもしれない。

子供にやさしさを素直に表現できない明治人間のおやじを、私はその生前、ついに好きになれないままで終わった。しかし、彼は自らの相撲狂いの瘢痕《はんこん》を私の心の中に、しっかりと投射していたのは間違いない事実であった。

耳で見た一戦

双葉山が、連勝の記録を相撲史上の最高に伸ばして迎えた十四年の春場所は、相撲人気の極点に達していた。

すでに五連覇、通算六十六連勝をあげて、無敵の快進撃をつづけ「双葉は百連勝を狙っている」と新聞には書きたてられていた。私のおやじも、むろん百連勝の説の最右翼であった。草相撲の元役力士で、片田舎では希有な本場所を目のあたりに観ている彼は、双葉山の得意技をよく知っていて、その根拠をるる説明していた。

「なんてったって、双葉が右四つになりゃあ勝負はついたと同じな。国技館じゃあ、もう見もせず、帰りはじめるんだものなア……。

豪放な上手投げ、下手投げ、それに強烈な掬い投げもあるし、誰もかないっこないに」

相撲の話となると、話の合間得意気に口をちょっと開ける癖のあるおやじは、膝をのり出して聞く近隣の人たちに、大きな声でそう話しながら、話の合間々々に口をポッカリ開けつづけていたのを私はよく見ていた。

私はしかし、出羽海部屋の力士の誰かが、連勝にストップをかけるのではないかと考えていた。相撲雑誌をみると、番組の片側をすべて占めている大部屋の出羽海系力士、それに玉錦が育てた二所ノ関勢が、日夜〝打倒双葉〟の執念に燃えて、秘策を練っていると書かれていた。

早大専門部を出て、関脇の位置にいるインテリ力士笠置山が、打倒双葉の急先鋒で、出羽同門の綾昇、出羽湊、五つ嶋などと、常勝横綱のウィークポイントを日夜研究している記事も出ていた。

しかし、春場所が一月十二日から始まると、双葉山は初日に五つ嶋、二日目龍王山、三日目に駒ノ里を破って、六十九連勝を重ねた。私は初日からラジオ中継で、中入り後の勝負を聴いていたが、双葉山が勝って歓声はあがるものの、勝って当然といったムードが大鉄傘にただよっているように感じられた。

四日目に対戦したのは、出羽海部屋の新鋭安芸ノ海だった。西前頭の三枚目で、初顔合わせとのことだった。

新聞もラジオも、双葉山の連勝を疑わず、私もまた、大波乱を夢にも考えず、キビキビしたＮＨＫアナの中継に耳を傾けていた。

呼び出しの館内をふるわす美声が、嫋々《じょうじょう》と聞え、立行司の気迫のこもった声が、双葉山と安芸ノ海の名を呼びあげると、大鉄傘はドカンとした歓声がわきあがった。一瞬、アナウンサーの声は、大歓声にかき消される。その日、アナウンサーが、どのように両力士を紹介し、十分間の仕切りの間の解説を加えていたか、おぼえてもいない。

ただ、いまも記憶の底から鮮明に浮かび上がってくるのは、

「イヨイヨ、時間イッパイ　双葉、左ヲオロシマシタ。立チアガリマシタ！」

というくだりと、早口にまくしたてていたアナウンサーの口調が、一転。

「安芸ヤッタ！　安芸ヤッタ！　安芸ヤッタ」

の、絶叫に変わった瞬間だった。「勝った」とは叫ばず、「やった！」と繰り返して叫んでいたように私には聴こえた。そして、土俵に座布団から火鉢までが降りそそい

だという、世紀の逆転劇の瞬間を、信州にいて確実に見たような気がした。

相撲放送を担当していたのは、NHKの和田信賢だったが、隣にいた山本照の回想によると次の通りだった。

「安芸ノ海は三役へも入っていない。場所前に盲腸をきって、まだほうたいを巻いておったし、三日の相撲も二日負けおって、たしか一勝二敗で（実際は二勝一敗）四日目でしょう。安芸ノ海は左だから、双葉山は左になればなるほどおもしろい。

ところが、組んでいきなり右四つになった。その瞬間に、安芸ノ海が勝てると思った人は誰もいないだろうと思うんだ。時間の問題で、ポカッと投げとばされると思ったのが、ワーッと言って、下になったと思っていた安芸ノ海が上で、双葉山が尻もちをついているものだから、さあ、わからなくなっちゃった。だれも〝手〟がわからないんです」

翌日の新聞には「不抜の双葉城陥落す」の六段抜きの大見出しに、立ち上がりから、安芸ノ海の外掛けが、双葉山の右足にかかり、もんどりうって倒れるまでの分解写真が、掲載されていた。

私は、新聞を指の先が黒くなるほど、何回となく開いて、惘然《ぼうぜん》と眺めていた。

「どの桟敷でも観衆は一斉に総立ちになっていた。座布団や火鉢やビール壜が虚空に乱れ飛んで、私の視野はたちまち灰色の霧のような空気に遮られた。どよめきたつ群衆も、何のために騒いでいるのかわからぬような様子である。

どよめく群衆の渦が動くにつれて、大鉄傘が波のようにゆらぐ。その騒ぎが、ふたたびしいんと静まり返ったとき、私は土俵の上に堂々と勝名乗りを受けて立ち上った安芸ノ海の姿を見た。このとき双葉山の姿はもはや、どこにも見えなかった」

尾崎士郎のこの『木鶏――無敵双葉山』を読むのは、十数年後のことだったが、私は、現実にこの通りのシーンを見ていたという思いがあった。

近所の悪童たちの間で、私の四股名が〝安芸ノ海〟となるのは、この日以降であった。

向正面の大相撲の味

砂かぶりの醍醐味

東京本場所の度に、一日、向正面の砂かぶりで、大相撲を観戦する恩恵に浴していた時代があった。ベースボール・マガジン社創業者・池田恒雄社長のご高配で、相撲ファン垂涎の砂かぶりに席を占める幸運にありついでいたのである。

相撲狂だったおやじの果たされなかった夢を、半世紀後に享受していたわけで、私は父親の分も含めて、観戦しているつもりだった。

その席は、正面から写すテレビ・カメラの視界に常時映し出されるところだけに、ある程度の緊張感を強いられていた。家に帰っていまいちど、二十三時からのその日の幕内全取組を観ていたが、時折、画面に矮小な男が映し出され、一瞬、目をそむけたくなる思いにかられたものだった。

しかし、客観的にその男の観戦ぶりを見てみると、名勝負の一番には、ヒイキ力士の激しい動きにつれて、上体が動き顔が微妙にひきつったりゆるんだりしていて、全力をあげて観ている様がわかった。ヒイキ力士のシコ名こそ呼ばないが、心の中では力士名を叫び、

「そこだッー。押せ！　突け！」

などとわめいていたのである。

血につながる相撲狂だったおやじが、その男の中に宿っていて、名勝負の一番の折に躍り出てくるのかも知れなかった。国技館では、冷静に観戦しているつもりなのに、ブラウン管に映し出されると、体が右に左に揺れ動き、土俵上の変化につれて、相貌が微妙にパラレルしているのは、私の体の中にもう一人血に継がる亡き父親が観戦していて、その憑依《ひょうい》現象だったのだろうか。

憑依現象を信じるつもりはないが、観戦の折だけは、おやじの霊魂をこの矮小なからだの一部に宿らしてもいい気持ちでいた。生前、親孝行らしいことは何一つしなかったせめてもの罪滅ぼしの思いがあったのは否めなかった。

それはさておき、砂かぶりで観戦できる身は、その語源の通りの、土俵の砂をかぶる機会はむろんのこと、力水を口にふくんで身を清め、清め塩を握って、

「よしッ……」

と、自らを鼓舞するように、小さく叫ぶ声——。

幕内四分の制限時間がきて、最後の塩をとりに来た時の、力士のはげしい闘志に燃えた眼と、紅潮した肌のかがやきを、目の当りに見聞することができた。

各力士にはそれぞれのセレモニーがあって、たとえば大関の琴奨菊は、最後の仕切りに入る前に、緊張感をほぐすためか、両手を高々とあげて弓なりに背を伸ばす。引退して振分親方を襲名した高見盛は、時間一杯になると、両腕を何度も引き付けるような動作をし、胸をバンバン叩いて気合いをいれ、それから、清めの塩を手いっぱい

につかんで、豪快にふり撒く所作で人気が高かった。
元横綱北勝海（現八角親方）は、大きく深呼吸をして心を静め
『よしッ…』
と一声、待ったなしの仕切りに向った。

東関親方（元高見山）とベースボール・マガジン社池田恒雄前社長

痛めた手、足に塩をかけたり、頬を打つ。あるいは首を左右に傾けて、肩の力を抜き、手ににぎった塩を舐めて、その辛さで心をひきしめる……。
身近くで、力士たちの独自のセレモニーを見ていると、勝負に賭けた彼らの緊張感がどんなに強いものであるか、推察できる気がした。
むろんテレビでは、前後、左右、土俵の真上、

クローズアップされた力士の表情など、巧みな場面の切りかえによって見ることができた。

が、本場所の砂かぶりで身近に観戦する醍醐味は、テレビの比ではなかった。テレビにはその場の空気の重さ、波動、匂いがなかった。生身の力士の一挙手一投足にこめられた心の動きが伝わってこないのである。

目の前で見る土俵上の一戦は、仕切りからはじまって、一回ごとに緊張感は高まり、それに比例してもりあがる闘志が、顔から肌にまであふれて、観る側に息苦しいほどに伝わってくるのだった。

しかし、相撲に精通した眼の持ち主からすると、力士の神経は、取り組む前、支度部屋に待機する時に高まりはじめ、割りが進み、自分が取る二番前に控え力士として土俵溜まりに入る。そして二番の取り組みを土俵下で観戦するわけだが、その十数分間がつらいのだという。

とになった。

尻に漂う色気

砂かぶりの向正面で観戦するようになって、私は横綱土俵入りを背後から、見ることになった。

横綱の最高の見せ場である土俵入りは、露払いと太刀持ちを従えた日下開山《ひのしたかいざん》が、初日は東横綱、二日目は西横綱が先に、の交互の順で、ゆったりと土俵に上ることからはじまる。左右に、露払いと太刀持ちを配して二字口に蹲踞《そんきょ》した横綱の威風堂々ぶり！

つづいて、手拍子が二回、国技館を埋めた観客の耳にはっきりとひびく強さで、パチン、パチンと反響する。チリを切った横綱は、ひとり前へ進んで正面に向い、〝天長地久〟を祈り、邪気を払い地を清めるための、力強い四股踏みがある。大観客はその時、横綱に四股に合わせて、

「ヨイショッ！」

と、力いっぱいの合いの手を入れるのである。

大相撲の美と力の象徴である土俵入りの型を見せるのは、この後であった。先に還暦土俵入りで二十三年ぶりに雲竜型を見せた元千代の富士の場合は、腰を落として左手を胸にあて、右手は前方やや斜めに、さっとひろげて、両足をにじるようにしてせりあがっていく。ウルフとアダ名された精悍な眼は、正面を見据えて動かず、大観衆は水を打ったような静けさの中で、見事な土俵入りを見守るのである。雲竜型の後ろの結び目は一輪であることも、特徴の一つとなっていた。

一方、平成二十七年の名古屋場所で、新大関デビューの照ノ富士を育てた師匠であり、第六十三代横綱の旭富士（伊勢ケ浜親方）は、いま一つの不知火型で土俵を務めていた。この型は、腰を落として構えたとき、鶴が両方の翼をいっぱいに広げたように、両の手をさっと広げて、両足のにじり寄りにつれて、下からせり上るように体を起こしていく。この型の綱の後ろの結び目は、双輪になっているのが特徴であった。

雲竜型、不知火型の二つに代表される絢爛豪華な横綱土俵入りは、このようなものだが、向正面の私の席からは、常に立褌《たてみつ》にきりっと締まった尻の部分のクローズ・アップが見えるところであった。

後ろ姿の土俵入り――というわけだが、東京本場所の度に、後ろから横綱の背から尻にかけてを眺めていて、千代の富士や北勝海のような筋肉質のひき締まった力士には、そこはかとない色気がただよっているのを感じた。

その色気は、下半身が廻しによって、Tの字にきりっと締めあげられていることから発しているのであって、プロレスのようなパンツ姿では、決して漂ってくるタグイのものではなかった。つまり、鍛えぬかれたちからびとの体を、きりっと引き締めて見せる廻し姿に、色気の根源があるといえた。むろん、力士の象徴である大銀杏《いちょう》が、そのお色気に色を添えていた。

一方、同じ横綱の土俵入りでも、大乃国のようなアンコ型の体形は、向正面から見たとき、尻から内モモにかけてのひき締りが見られず、お色気には遠かった。アレゴリーとしては、ちょっとえげつないが、象か犀の後姿を見ているようで、皮膚はたるみ、立褌の截然《せつぜん》とした線があらわれないうらみがあった。

もっとも、ヒイキ力士となれば、アバタもなんとやらで、象の尻、犀の臀部《でんぶ》、豚のケツのように見えようと、それはそれで魅力の対象であり、頬ずりをしてやりたい心境になるはずであった。

現に、北の湖ファンであった私は、この横綱現役時代の一挙手一投足が好きだった。その全盛時代、強すぎて憎らしいという声もあり、対戦相手を破ったあと、倒れた力士に手も貸さずに、さっさと勝ち名乗りを受ける態度が、傲慢で不遜だと非難されることもあった。

相撲を取るために生まれてきたような北の湖だった。土俵に上ると、どのような相手にも全力を挙げて取り組み、一気に寄り立て、土俵下に突き飛ばして、顧みようともしなかったのだ。

ところが、北の湖は、倒した力士に手を貸すことは、相手にさらに屈辱感を与えることだと、あえて顧みようとしなかったのだという。無敵の時代の大横綱には、それ相応の勝負の美学があったのである。

第二章　土俵に表徴された人生

さらに上を目指す新大関

大相撲に、新しいヒーロー、照ノ富士が誕生した。平成二十七年の春場所、十二勝三敗で初優勝し、平成生まれ初の大関に昇進したのである。

モンゴル出身の力士で、初土俵から所要二十五場所にして大関に昇進したのは、年六場所制となってから、幕下付け出しを除いて三位の速さ。新入幕から八場所も三位タイの見事な昇進であった。

五月二十七日、友綱親方（元関脇魁輝）、桐山親方（元小結黒瀬川）が伝達の使者として、伊勢ケ浜部屋に到着し、大関昇進を伝えたが、照ノ富士は、

「謹んで、お受けいたします。今後も心技体の充実に努め、さらに上を目指して精進

いたします」

と、横綱を視野に入れた意欲あふれた口上を述べた。

大関昇進の口上では珍しい、

「さらに上を目指して」

という言葉を考えたのは、師匠の伊勢ヶ浜親方だった。第六十三代横綱旭富士である。師匠は、横綱栄進の内規「大関で二場所連続優勝、あるいはそれに準ずる成績をおさめた者」の、第一の条件にのっとっての横綱であるだけに、文句なしの栄進だった。

昭和から平成にかけて、三十二人の横綱が生まれていたが、内規に記された第一の条件「二場所連続優勝」で、日下開山《ひのしたかいざん》の座を射とめた力士は、双葉山、栃錦、大鵬、北の富士、琴桜、旭富士の六人にすぎなかった。明治末期から調べても、太刀山、栃木山の二力士を加えるのみである。

この事実は、力士にとって最高の栄誉である〝横綱〟の影が、目の前にちらついたとたん、それがプレッシャーとなって、候補力士を金縛りにしてしまうのではないか、と考えられた。

現に旭富士にして、綱に挑むこと七度目の〝正直〟だった。昭和六十三年一月、十四勝一敗で初優勝し、三月場所第一回の綱取りは十二勝三敗でわずかに及ばず、翌五月場所十一勝四敗でまたも失敗。翌九月場所、優勝をすれば可能性が濃厚だったのに、十二勝三敗と失敗していた。

平成時代に入って、一月場所で十四勝一敗と、優勝同点となり、次の場所に優勝すれば今度こそ横綱と期待されたのに、十三勝二敗といま一歩及ばず、次の五月場所は十三勝二敗で優勝同点まで達したのに、二敗の負けぶりが問題となって、これまた見送られていた。

三場所通算の勝負数でみると、四十勝五敗と、堂々たる勝率であった。横綱栄進の内規にいまいちとはいうものの、横綱昇進前三場所の五十一代横綱玉の海から、六十二代・大乃国までを調べてみると、二代目若乃花、大乃国と並ぶ、立派なものだった。

因みに、玉の海から大乃国までの、三場所の勝敗数を調べてみると、次の通りである。

玉の海　三六勝　九敗
北の富士　三八勝　七敗
琴　桜　三七勝　八敗
輪　島　三九勝　六敗
北の湖　三六勝　九敗
若乃花　四〇勝　五敗
三重ノ海　三七勝　八敗
千代の富士　三八勝　七敗
隆ノ里　三六勝　九敗
双羽黒　三六勝　九敗
北勝海　三六勝　九敗
大乃国　四〇勝　五敗

この記録で見ると、三場所通算、三十六勝九敗で、玉の海、北の海、双羽黒、北勝海は横綱となっていた。

――なのに、旭富士はなぜ、横綱に推挙されなかったのか。その理由の一つに、彼と親友だった双羽黒が、準優勝と、優勝同点の星内容で諮問されたとき、時期尚早の反論もあったのを押して横綱に推挙されたいきさつがあったようだ。

横綱審議委員の一人、稲葉修（元法務大臣）は、締りのない容貌と体躯の双羽黒をあてこすって「養殖の鮎のようだ」と、人格の面のモロさを危惧したものだった。

不幸にも、双羽黒はその後「人格・力量抜群につき」云々の横綱推挙に付帯する、肝心な人格面に欠陥があり、破門されてしまう……。

たまたま、このような悪しき先例があったばかりに、相撲協会の審判部も、旭富士の横綱推挙には、慎重になったと考えられ、

「大関になってから、九場所連続の二ケタの白星を重ねている。次の名古屋場所の結

果を見てからでも、遅くはないだろう」

の判断となったのだろう。

ところが旭富士は、肝心の平成元年七月場所で、八勝七敗という不名誉な成績しか上げられなかったのである。漏れ聞くところによると、前場所、優勝決定戦に敗れて、横綱昇進を見送られたことから、自暴自棄に陥り、酒びたりになって、宿痾のスイ臓炎を再発させたためと言われていた。

じょっぱり精神で再起

優勝を逸したものの、平成元年一月場所が十四勝一敗、三月場所十三勝二敗。五月場所十三勝二敗で、優勝決定戦で、三場所の通算成績が、四十勝五敗——。

この好成績で、横綱推挙は見送られたという事実は、旭富士にとってあまりにも酷であった。大相撲史をひもとくと、大関、横綱昇進のチャンスに、小部屋であるが故に、あるいは上がつかえているといったことで、見送られマゲを切ってしまった力士は少なくなかった。

失望、落胆のあまり、旭富士にデスペレートな言動があったとしても、不思議ではない。

そのあとの成績は、次の通りだった。

平成元年九月場所、九勝六敗。十一月場所、八勝七敗。二月一月場所、九勝六敗。三月場所、八勝七敗と不振はつづき、このままでは万年大関として、力士生命を終えるのでは……と考えられた。

横綱昇進を厳しく見送らせた審議委員や相撲協会の理事の中には、「やはり横綱にしない方がよかった。もし、横綱に推挙していたら、第二の大乃国となって、鼎《かなえ》の軽重を問われたにちがいない」といった口吻《こうふん》をもらす向きもあった。

持病の悪化は、成績の上ばかりか、体のハリにあらわれてきていた。全盛の頃、土俵に上がると、全身がポッと桜色になり、ただようような色気を感じさせていたものが、不振の数場所は、色艶も悪く、一回りも二回りも小さくなっていた。

旭富士には、相撲界に入門する以前に、荒れた生活をしたことがあった。青森の中・高時代、学生相撲で頭角をあらわしたことから、その素質を認められて近大へ入学。将来を嘱望されたものの、大学には学生横綱の山崎幸一をはじめ強豪がひしめいていて、東北の高校相撲の逸材など、歯牙にもかけられぬ有様だった。

彼は、相撲部の上級生の走り使いや、雑用漬けの毎日にイヤ気がさし、何回か脱走を繰り返した上で、母親が病弱だったことを理由に、二年で中退して青森へ舞い戻ってしまった。

〝大学相撲崩れ〟の彼は、漁師の見習いとなったが、県下では知られた男が、魚取りの手伝いで、その挫折感は深く、荒れた生活だったと聞く。

この彼を、創設ほどない大島部屋の親方に紹介したのが、母校・五所川原商高の関係者だった。親方は現役時代、〝相撲博士〟〝ピラニア〟の異名をもっていた元大関・旭国で、理詰めの相撲と、くいついたらあきらめない粘りの取り口を身上とした力士であった。

彼はこの師匠の下から、五十六年初場所、本名の杉野森をシコ名に初土俵を踏んだのだった。そして、三場所目に師匠のシコ名旭国と、優勝を重ねる強豪、千代の富士にあやかって「旭富士」となった。

入門八場所で新十両、翌五十八年春には、大乃国とともに新入幕。九州場所には新三役小結となり、六十一年初場所、新関脇で十一勝四敗の好成績をあげ、早くも大関候補の折紙がつけられていた。

宿痾となるスイ臓炎をわずらうのは、この頃で、体重を増すために大食いを重ねたのが引金となった。スイ臓は胃袋の後ろにあって、たんぱく質、炭水化物、脂肪などの消化酵素をふくむスイ液と、インシュリンを分泌する器官で、暴飲暴食をつづければ、困憊して機能障害を起こす。旭富士の体にその兆候があらわれたのだ。

六十一年三月場所七勝八敗で小結に落ち、翌場所十勝五敗で二回目の殊勲賞に輝いて関脇にカムバックしたものの、七月場所四勝十一敗、九月場所八勝七敗、十一月場所七勝八敗と低迷。六十二年からようやく復調の兆しを見せはじめたのだった。五月、七月、九月と三場所連続好成績をあげ、九月場所後大関へ。

六十三年一月には初優勝を飾り、場所後春日山親方（元大昇）のメイ榎本淳子さんと結婚したことで、心機一転、横綱を目ざすが、三場所通算成績四十勝五敗の好成績でなお、横綱の声がかからず、スイ臓炎再発の危機に直面したことは、すでに述べた通りである。

この時、捨て鉢に陥った旭富士を救ったのは、新妻淳子さんだった。脂肪類を避け消化のいい、やわらかい料理を中心とした食事療法で、健康回復を図り、失意から立ち直らせたのである。

旭富士は、連続優勝のよろこびの中で、夫人への感激の言葉をはばからなかったが、六十三代の横綱は、内助の功績大でかちとった感じだった。心技体の充実が必要な土俵人生に〝ソクラテスの妻〟は、お呼びではなかった。

このような師匠の下で育てられた照ノ富士——前途は洋々の観がある。しかし横綱に推挙されるには、連続優勝か、それに準ずる活躍が期待されるわけである。目下、横綱陣は、白鵬、日馬富士、鶴竜と、モンゴル勢に占められていて、さらに照ノ富士が……となれば、四横綱はすべてモンゴル出身力士になる。大相撲を国技とする日本にとって、国辱そのものである。

日本人力士は死力を尽して、照ノ富士に立ち向かわざるを得ないだろう。

元横綱千代の富士の九重親方は、

「照ノ富士の優勝は、実力で勝ち取ったものじゃない。兄弟子（日馬富士）の援護射撃があって、たなぼたの優勝だったから」

と、大相撲春場所千秋楽、日馬富士が白鵬を寄り切って三敗に追い込んだために、ころがり込んだ優勝と語っていた。

しかし、名古屋場所では、最後まで土俵を盛りあげ、十一勝四敗と、新大関としてはまァまァの活躍ぶりを見せた。

大関で終った力士の〝幸運〟

三十歳で引退

初代若乃花の二子山親方が相撲協会の事業部長だった時、北天佑を激賞していたことがある。千代の富士が、突然変異のように相撲の取り口が変わり、横綱となって優勝街道を驀進しはじめた頃だったと思う。

親方は目を細めて

「次は北天佑ですね。相撲が変わってきた。千代の富士もある時期から変わって、横綱になった。北天佑もこれからが楽しみですよ」

と、私に話してくれたことがある。

部屋序列は異なるが、同じ北海道の室蘭に育ち、左からの豪快な投げを武器に、トントンと大関に昇進した彼に、親方は注目し、期待するところが大きかったのであろう。だが、北天佑は念願の横綱には、ついになれないままで終った。大関在位四十四場所という、長期の記録をのこして、平成二年の秋場所七日目に、引退を発表したのである。

初日・豊ノ海、二日目・陣岳に勝って、幸先よいスタート……と見えたのだったが、三日目から琴錦、安芸ノ海、春日富士、琴ヶ梅に四連敗して、体力の限界を痛感し、引退へ踏み切ったわけだ。二勝した相手が、その場所絶不調であったこと、負けた力士もまた中日までの成績が鈍いものであったことを考えると、北天佑は心身ともに、限界にきていたのかも知れない。

私が向正面の砂かぶりで観戦したのは、六日目の東前頭三枚目・琴ヶ梅との一戦だった。尻の肉は落ち、肌の艶も悪く、生彩を欠いた土俵だった。北天佑の土俵は、勝つときは豪快な投げ技、負けるときもまた負けっぷりのいい、華のある力士だった。

その華々しさが、いちばん目立っていたのは、小結から関脇、大関へと、トントン拍子で昇進していく時期だった。

五十八年初場所、新関脇で十一勝。翌場所十二勝という二ケタの白星で勝ちすすみ、夏場所は、琴風、朝潮、若嶋津の三大関を破って、初優勝と殊勲、技能両賞を獲得。夏場所後に大関へ昇進していた。

この夏場所、兄弟子の北の湖、宿敵のイメージが強かった千代の富士の両横綱が全休していたことも、北天佑に〝天佑〟をもたらしたことは事実だった。

当時、北天佑は二十二歳。がっちりした肩幅の均整のとれた体と、白い肌。笑顔がなんとも爽やかでやさしさが漂い、若い女性ファンが圧倒的に多かった。しかし、その相撲っぷりは、荒々しいまでの投げ技を得意とし、見る者にカタルシスを感じさせた。

実弟の富士昇も、九重部屋の下っ端力士だったが、横綱千代の富士に、さんざん痛めつけられたとかで脱走し、廃業に追い込まれる事件などもあった。マスコミは、このアクシデントをこと更に書きたて、千代の富士と北天佑の取組をリンクさせて、あたかも遺恨の一戦のニュアンスをもたせたものだった。

そう思ってみると、この一戦に賭ける北天佑の意気ごみは、なみなみならぬもののようにも感じられた。五十八年夏には、弟の仇を討つかのように関脇で優勝。六十年名古屋場所では、千代の富士を破って、二度目の優勝を遂げていた。

素質から見たら、彼は〝横綱〟への最短距離にいた。千代の富士や北勝海より、はるかにめぐまれた体だった。大関まで、あまりに順調にすすんできたため、綱を張るのはすぐのように考えられた。

ところが、力士の宿痾ともいえる糖尿病、ひざ、肩の怪我、捻挫などと、力を削ぐような事故がつづいて、大関へ昇進してからの成績は、いま一つだった。

大関四十四場所を見ると、次の通りだった。

十三勝二敗　一回（優勝）
十二勝三敗　三回

十一勝四敗	三回
十勝五敗	九回
九勝六敗	十二回
八勝七敗	十回
六勝九敗	一回
五勝十敗	一回
三勝六敗六体	一回
二勝五敗八体	一回
全休	一回

大関の体面を守るためには、二ケタ台の勝星をあげなければならぬ、と考えると、その条件に叶った場所が十六回——三割六分と、想定外の低い率であった。

横綱になった不幸

大関で二回以上の優勝をしながら、横綱になれなかった力士は、相撲史上に九人いる。魁皇の四回、栃東（二代）、小錦、清水川の三回を別格に、豊国、先代増位山、貴ノ花、若嶋津、千代大海である。

逆に、優勝したことがないのに横綱になった双羽黒、一回だけで昇進した二代西ノ海、武蔵山、安芸ノ海、前田山、吉葉山のケースがあった。

横綱昇進の基準が、大関で二場所連続優勝か、連続優勝に準ずるという、後者の内規を拡大解釈して、相撲協会の都合のよいよう〝政策的横綱〟を誕生させたからである。

そのツケがどのようなものであったかは、彼ら七人の横綱としての記録を見れば明らかである。優勝皆無の双羽黒は、横綱になった昭和六十一年秋場所は、三勝四敗途中休場。翌九州場所は十二勝三敗、六十二年初にも十二勝三敗と、かろうじて体面を保ったが、次の春場所は十日目から休場。そして、六十二年九州場所を最後に、親方夫人に暴力沙汰をおこすという前代未聞のトラブルがもとで、破門されてしまった。

二十五代横綱二代・西ノ海は、初土俵から十七年もかかって、三十六歳の高齢で横綱になった、明治以降では最年長昇進の記録保持者だった。横綱在位は三場所で、看板倒れに終った。年寄となってから、大相撲の発展のために尽し、その最期は、まじめな人柄が悲運を招いて、日下開山《ひのしたかいざん》まで進んだものには唯一人の自殺で果てている。

三十代横綱の三代西ノ海は、力士としての体格に恵まれていながら、取り口が地味で攻めも遅く、人気のない横綱だった。横綱在位は十四場所のうち皆勤は三場所で、優勝は一回だけ。三連続負け越しの不名誉記録の二十九代横綱宮城山とともに、不甲斐ない横綱の一方の代表であった。

三十三代横綱の武蔵山は、入門から入幕まで七場所というスピード出世で〝飛行機〟と異名をとった。十一日興行時代の昭和六年夏場所、小結の位置で十勝一敗で優勝。十年夏場所、大関で優勝すれば横綱の声がかかっていたとき、玉錦に敗れて優勝をさらわれ、望みは絶たれたように思われた。

が、この時、武蔵山の属する主流派出羽海部屋のアンチ高砂部屋が、横綱推挙に動いて次の場所綱を張ったのである。彼の次の横綱が、高砂系の男女《みな》ノ川だったことを考えると、高度な政治的配慮の上の三十三代横綱だったことがわかる。

武蔵山は横綱にはなったものの、右肘関節故障の悪化で、八場所在籍のうち、三場所しか出場できず、のこる五場所は休場した。出場した三場所も、二場所は途中休場で、唯一の皆勤場所も七勝六敗というていたらくだった。

三十七代の安芸ノ海は、双葉山の七〇連勝をはばんだ大金星で、相撲史上にその名を残しているものの、マラリアと神経痛のため横綱昇進後は、パッとした成績は残せなかった。協会の大ボス、出羽海理事長の娘婿になり、藤島親方となったものの、賭け事が好きで借金を重ねて、ボスの娘と離婚後、相撲界からも去っていった。

三十九代の前田山は大関在位九年半と、明治以後の最長記録の功労的意味合いもあって、戦後初の横綱となった。しかし、三十三歳の高齢で成績は低迷。横綱在位六場所のうち、途中休場が四場所。皆勤二場所の最高成績が九勝六敗だった。引退の引金となったのは、大阪場所で途中休場し、上京して後楽園球場で日米対抗野球を観戦。オドール米監督と握手をした写真をデカデカと報道された責任問題からだった。

四十三代横綱の吉葉山は、最盛期に招集されたことと、苦節十五年で遅れて横綱となったが怪我つづきで、在位十七場所中、皆勤は九場所と、その美丈夫ぶりと見事な体躯、人気に比べて無惨な綱一代だった。

彼らも、大関で土俵人生を終えていたら、個性あふれた味のある名大関として、相撲史上にその名声をひびかせていたと考えられる。政策的、商略的に、あたら横綱に推挙されたばかりに、かえって不幸な掉尾となってしまったようだ。それに比して、横綱にはなれなかった北天佑、貴ノ花、若嶋津、魁皇らは、土俵に花を添えた昭和の名大関として、ファンの記憶の中に生きつづけている。

特に、大関時代に四回も優勝した魁皇は、風格は横綱にふさわしい美丈夫だったのに、ノミの心臓で、連続優勝の期待がかかる次の場所は、敗けが重なって、夢は達成されないままで終わった。

横綱を期待された頃の大関魁皇（右）、武双山（左）と著者

しかし、大関の地位に長期にわたってとどまったために、平成二十七年名古屋場所終了現在、歴代力士十傑記録の『幕内勝星数記録』で八百七十五勝で第一位。『幕内在位場所記録』で百七場所で第一位。『通算勝星数記録』千四十七勝で一位と、驚嘆すべき大記録を残している。

魁皇が悲願とする横綱を張っていたら、その責任の重圧で、負けが込み、数場所と続かなかったかもしれない。大関でこそ輝いた大記録とみて間違いないだろう。

不世出の兄弟子を持った運・不運

双葉山と千代の富士

平成二年の大阪場所は、二十五年ぶりの三力士による〝世紀の巴戦〟で、沸きに沸いた。巴戦は、二番つづけて勝たなければならないわけで、最低二戦までは、十三勝二敗同士の横綱北勝海、大関小錦、関脇霧島との、優勝を賭けた力闘が見られるはずだった。ところが、北勝海と小錦戦は、まず小錦が寄り切りで勝ち、つぎに霧島が小錦に寄り切りで勝ち、勝った霧島と北勝海の一戦は、横綱が関脇を押し出しで勝ったため、三すくみの形となった。

相撲史上初めての四戦目が展開されたのはこの後であった。北勝海は横綱の面目にかけて、最初に負けた巨漢小錦とあい対することとなった。第一戦は、北勝海が勝ちにこだわって、カチンカチンに固くなり、ノド輪攻めを巧みに外されて、小錦の寄りに屈している。二戦もつづけて負けたら、横綱の沽券《こけん》にかかわるわけだった。

北勝海は、初戦の一番に負けて気楽に取れる心境になっていた。対する小錦の方が、緊張で固くなり、仕切りの度に、不遜と思えるニラミを、長々と続けて、精神の集中をはかっている様子だった。時間いっぱい立ち上がると、北勝海は右手を小錦のノド輪に押しあて、すごいダッシュで土俵際へ寄り詰め、とどめは左下手投げで土俵外へ横転させていた。

勝った北勝海も、負けた小錦も、本ワリを含めて、その日渾身の力をふりしぼって四戦をしていたので、精も魂も使い果たして顔面は蒼白。しばらくは息もあがって、口もきけない状態だった。

小錦の等身大の銅像（福岡市美術館所蔵）

たてつづけに、文字通りの〝世紀の巴戦〟を観たファンたちは、優勝の決まった一瞬水をうった静けさになり、一拍おいて館内は勝者の健闘をたたえる拍手と歓声に沸いた。横綱の重みと、ここ一番の大勝負に勝った北勝海のしたたかな根性、気力、強さに、あらためて瞠目した一瞬でもあった。

心・技・体が充実し、日ごろの鍛錬があって、北勝海のこの逆転優勝に結びついたのだが、彼は同門に〝小さな大横綱〟千代の富士が盤踞《ばんきょ》しているため、常に損な立場に甘んじていた。

その当時、三十回の優勝と、相撲史上の大記録通算一〇〇〇勝を達成している〝大将〟が目の前にいるかぎり、大阪場所のように〝大将〟が早々、優勝戦線から離脱しないかぎり、北勝海の出番はなかったのだ。希には、大将とV戦線の一線に十五日間並んできて、プレーオフの優勝決定戦でぶつかることはあったが、胸を借りての猛稽古をし、手の内のすべてを知りつくされた兄弟子に、〝ご恩返し〟は、容易ではなかった。

この千代の富士と北勝海の関係は、年二場所制時代の昭和十年代全勝街道をつきすすむ立浪部屋の横綱双葉山と、羽黒山の立場を彷彿とさせるところがあった。

昭和十一年春場所七日目から、前人未到の六十九連勝を開始した双葉山は、その年の夏場所以来、三年五場所も、一人で優勝をさらい、十四年の夏場所と、十五年の夏場所こそ出羽海部屋の出羽湊、安芸ノ海に優勝を許したものの、十八年夏場所までは、双葉山の一人天下であった。その優勝回数は十二回におよんだ。

同部屋の弟弟子羽黒山が、序の口から十両まで各段全部優勝。すべて一場所で突破するという〝空前〟の昇進記録で後を追いながら、同じ部屋の兄弟子に不世出の大力士双葉山が存在するばかりに、彼は久しく第一級の実力をもちながら、あたら髀肉《ひにく》の嘆《たん》をかこっていたものだった。

金剛力士のような筋肉質と豪力を誇った、羽黒山の力士生涯を顧みるとき、三十七歳で十五戦全勝をはたした昭和二十七年の春場所までに、七回の優勝賜杯しか抱けなかったのは、ひとえに兄弟子双葉山が、目の前に立ちはだかっていたからだった。その証左に、双葉山の天下時代、優勝したのは昭和十六年夏場所、大関の位置でただ一回だけであった。

この場所、双葉山は前頭九枚目の櫻錦の飛違いと、前頭筆頭の綾昇の突出しに敗れて十三勝二敗となり、十四勝一敗の弟弟子羽黒山に、初の賜杯を抱かせたのだった。

羽黒山と北勝海

羽黒山が横綱に推挙されるのは、この優勝のあとで、さらに彼の持てる力を充分に発揮しはじめるのは、双葉山の引退した戦後であった。

戦後第一回の優勝は羽黒山で、十戦全勝だった。

双葉山は、この場所、番付に名前は載っていたが、初日から休場をつづけて、千秋楽前日の九日目に引退を表明していた。

それからの賜杯の行方を記してみると、次のようになる。

二〇年秋　横綱　羽黒山　　一〇戦全勝

二一年秋	〃		一三戦全勝
二二年夏	〃		九勝一敗
二二年秋	〃		一〇勝一敗
二三年夏	大関	東富士	一〇勝一敗
二三年秋	関脇	増位山	一〇勝一敗
二四年春	横綱	東富士	一〇勝二敗一分
二四年夏	関脇	増位山	一三勝二敗
二四年秋	大関	千代ノ山	一三勝二敗
二五年春	大関	千代ノ山	一二勝三敗
二五年夏	横綱	東富士	一四勝一敗
二五年秋	横綱	照　国	一三勝二敗
二六年夏	大関	千代ノ山	一四勝一敗
二六年秋	横綱	東富士	一三勝一敗一分

二七年春　横綱　羽黒山　一五勝全勝

長々と優勝記録を追ったのは、羽黒山の全盛時代を調べるためである。彼は、最初に賜杯を手にした昭和十六年頃から、二十二年頃にかけて、もっとも心・技・体の充実した力士時代ではなかったかと考えられる。

ところが、前半の四年は兄弟子双葉山の陰にかくれた存在で、本領を発揮するに至らず、加えて、敗戦前後は空襲と食糧難、徴用などで、満足に相撲の取れる時代ではなかったのである。

双葉山の時代が終って、ようやく羽黒山時代となったのは、三十歳を越えてからであった。しかし、それも四連覇を記録した二十年から二十二年頃までで、花は遅咲きにすぎたようだった。

千代の富士と北勝海の関係を、この先例に照らして考えてみると、面白い推理が成り立つだろう。

北勝海はシコ名が保志時代の昭和六十一年春場所、関脇の地位で第一回目の優勝をしている。以来、六回までの優勝を追ってみると、次のようになる。

六一年夏　横綱　千代の富士　一三勝二敗
六一年名　横綱　千代の富士　一四勝一敗
六一年秋　横綱　千代の富士　一四勝一敗
六一年九　横綱　千代の富士　一二勝三敗
六二年初　横綱　千代の富士　一二勝三敗
六二年春　大関　北勝海　一二勝三敗②
六二年夏　大関　大乃国　一五勝全勝
六二年名　横綱　千代の富士　一四勝一敗
六二年秋　横綱　北勝海　一四勝一敗③
六二年九　横綱　千代の富士　一五勝全勝

六三年初　大関　旭富士　一四勝一敗
六三年春　横綱　大乃国　一三勝二敗
六三夏　横綱　千代の富士　一四勝一敗
六三名　横綱　千代の富士　一五勝全勝
六三秋　横綱　千代の富士　一五勝全勝
六三九　横綱　千代の富士　一四勝一敗
平成元初　横綱　北勝海　一四勝一敗④
元春　横綱　千代の富士　一四勝一敗
元夏　横綱　北勝海　一三勝二敗⑤
元名　横綱　千代の富士　一二勝三敗
元秋　横綱　千代の富士　一五勝全勝
元九　大関　小　錦　一四勝一敗
二初　横綱　千代の富士　一四勝一敗

二春　横綱　北勝海　一三勝二敗⑥
二夏　大関　旭富士　一四勝一敗
二名　大関　旭富士　一四勝一敗
二秋　横綱　北勝海　一四勝一敗⑦
二九　横綱　千代の富士　一三勝二敗
三初　大関　霧島　一四勝一敗
三春　横綱　北勝海　一三勝二敗⑧

昭和六十三年に持病の腰痛の再発で、夏場所千秋楽も含め、以降四場所連続で休場の苦しみを味わった北勝海であるが、休場明けの平成元年の初場所は優勝で飾り、兄弟子が左肩を脱臼して全休した夏場所は、五回目の優勝。

さらに名古屋場所では、本ワリを兄弟子と同星の十二勝三敗で終って、ついに千代の富士と初の同部屋優勝決定戦にもちこんだのだった。

同部屋の力士同士の優勝決定戦は、昭和二十四年五月場所の、大関増位山と西前頭十七枚目の羽島山、出羽海部屋同士の決定戦以来四十年ぶりだったが、同じ部屋の横綱同士が相対するのは史上初めてであった。

北勝海は、この一戦で兄弟子に敗れたものの、平成時代に入っての心・技・体の充実ぶりから、大将が前面に立ちはだかっていても、この間に二回の優勝は攫《さら》っている。

歴史に「もしも」の言葉はゆるされない。が、羽黒山、北勝海の同部屋に、双葉山、千代の富士といった不世出の大横綱が存在しなかったら、彼らの優勝回数はさらに数回は伸びていたことは間違いない。

もっとも、強い兄弟子がいたから、その胸を借りて強くなったとも考えられ、とくに北勝海の場合、千代の富士に猛烈に鍛えられての力士人生があったのだが……。

先代・九重親方の生き方に学ぶ

江戸前親方

往年の横綱審議委員会委員長・高橋義孝の相撲エッセイの中に「江戸前親方」という三百字足らずの一文がある。

「もし人に、江戸前のお相撲さんがいるとすれば、それは誰だろうと聞かれたら、私は言下に、元横綱、現九重親方の北の富士関がそれだと答えたい」

と述べ、その理由として、相撲っぷり、人柄のよさを、まさに江戸前の関取に叶う条件としてあげていた。

高橋委員長は、つづいて次のような予言をしていた。

「そして彼の明朗闊達な性格は、その部屋造りにも反映して、九重部屋は必ずや将来明るい大部屋へと成長して行くに違いない」

通算勝ち星が、その時点で前人未到の千四十五勝の横綱千代の富士（現九重親方）、横綱北勝海（現八角親方）を擁した九重部屋を知るものには、高橋予言の的確さに脱帽のほかはない。

高橋義孝が、当時の九重親方にこのような評価を与えたそもそもは、現役を引いた後に偶然、親方と盃を酌み交わす機会があり、その人柄に魅了されたことからだった。

実は私も、先代九重親方とは現役時代に一度ならず、神楽坂の料亭で盃を酌み交わしたことがあった。北の富士関と同郷のよしみで、後援会長に就いていた政治結社の関山義人が、新年宴会に招いたものだった。

当時、横綱北の富士は、春日野部屋の前頭某力士と連れだって、ハオリ、ハカマで威儀を正してあらわれたが、その美男ぶりと明るく大らかな人となりは、一座の神楽坂芸者の熱い視線をひいていた。

会長は、私を引き合わせるとき、

「ペンをもったら横綱より強い人だよ」

と、揶揄《やゆ》まじりに紹介したものだった。

横綱は、甘い顔をほころばせて、会釈をし意に介する風もなく、芸妓に望まれるままに扇子やハンカチに、サインを走らせ、コップを盃のように持って、屈託なくのんでいた。

日下開山《ひのしたかいざん》の現役力士と、宴会に同席できた感激と緊張で、私は年甲斐もなく鼻垂れ小僧のような愚問や、酔いにまかせて北の富士関のグローブのような掌に、自らの手を合わせて、その大きさにあらためて瞠目したりしていた。

何回かのやりとりの中で、私は横綱北の富士を「関取」と呼び、後援会長から、

「君ともあろう人がなんてえことを言う。横綱は横綱と呼ぶもんだよ」

と、たしなめられた一場があった。

横綱は、芸を所望されると、実にのびのびとした声で「夜霧よ今夜もありがとう」

を歌い、つづけて連れの力士をうながし、「黒田節」を歌って、前頭力士を踊らせた。力士のゆったりとした、大らかで力強い踊りは、宴会に見事な華を添えていた。彼は、その後、仕切り線上に斜に構えて仕切る前ノ山や、両の腕を抉《えぐ》るように下ろす鳴門海の仕切り。天井を向いて肩をゆすりながら土俵に上る北の湖、横綱大鵬の仕切りの仕草を、カリカチュアまじりに演じて見せ、うたげをもりあげてくれた。

逼塞した晩年の元横綱男女ノ川に会って、その妖怪のような容貌と、粗雑な胴間声《どうまごえ》を聞いていた私だけに、現役横綱北の富士の色白な甘い容貌と、明るい闊達な態度は、すごく対照的で、私の抱く力士像を、大きく修正させたものだった。

髷を切ってしまえば、骨格こそ大きいが、一流商事会社の管理職をしても、堂々と通用する雰囲気が、北の富士の言動の中には感じられた。

慧眼なドイツ文学者は、いちど盃を酌み交わしただけで、北の富士のおおらかな態度と人となりから、部屋の親方として大成する予言をしたのであろう。

恬淡とした部屋経営

現役時代の栄光が、第二の人生に通用しないのは、相撲界に限ったことではない。野球界の大打者・長嶋茂雄、王貞治の監督時代。日本のゲーリッグと謳われた大下弘の采配ぶりに、それは如実に示されている。

相撲界を見ても、前人未到の三十二回優勝の大鵬親方も、部屋から横綱、大関を出せなかったし、〝柏鵬時代〟の一方のスターだった元横綱柏戸の鏡山親方も、日下開山は出せなかった。平幕優勝力士多賀竜が、花を添えていた程度だ。

天才力士と謳われた輪島関は、十四回の優勝を飾って、師匠の娘と結ばれ、引退後花籠部屋を継いだが、ゴッチャン・ボケで部屋の名跡を借金の抵当にした一件で、相撲界から追放されたことは、よく知られた事実。

その中にあって、第二の土俵の親方として目ざましい活躍をしたのが、相撲協会理事長だった元若乃花の二子山親方と、元北の富士の先代九重親方だった。

現役時代〝土俵の鬼〟と呼ばれ、〝栃若時代〟を築いた若乃花は、引退後は二子山部屋を創設して、実弟貴ノ花を人気抜群の大関に育て、また二代目若乃花、隆の里の二人を日下開山に。〝南海の黒豹〟若島津を大関に育てあげ、二横綱二大関をふくむ十九人の関取を育て上げていた。

この一門の栄光力士輩出の裏には、厳しい稽古について行けないで、挫折をして早々に消えていった数百名の弟子がいると親方は話してくれたことがある。〝土俵の鬼〟は弟子を育てるに当っても峻厳をもって知られ、実弟貴ノ花が人気に溺れて深酒をし、朝の稽古をサボった時には、

「この野郎、いい気になってッ！」

と、持っていた青竹でメッタ打ちにしたという。

「青竹はバラバラになり、あたりに血が飛び散った。

『どうして、こんなに厳しく当たるのだろう』

と、満《みつる》もときには、私をうらめしく思ったに違いない。

だが、肉親だから大切に、他人だからどうの、といった区別は、絶対につけるべきでない。そんなことは第一、本人のためにならない」（『若乃花一代土俵に生きて』）

九重親方の愛弟子、千代の富士が貴ノ花を寄り切りで敗った一番（九州場所３日目　昭和55年）

二子山親方は、その一方で、

「私自身が『横綱・若乃花』の衣を脱ぎ、弟子たちと一緒に飲み食い、屋台で酒を酌みかわすように努力したことも、風通しをよくする上で、相当に役立ったようだ。『礼儀、清潔、整頓、猛稽古だ』という二子山部屋のモットーも、次第にしみ渡っていった」

と、厳しさの陰で心くばりをしたことを述べている。激しい指導ばかりでは、強い力士は育たないのだろう。

先代九重親方は、その点、高橋義孝が〝江戸前横綱〟の折紙をつけるだけあって、現代っ子的明るさ、風通しの良さを持った新しいタイプの親方である。親方という言葉のひびきから受けるボス的、親に近い感じより、兄貴分とかお山の大将的な、いたずらっ子に近い雰囲気さえ、その周辺からはただよっている。

親方について、こんな話を聞いた。

夜遊びをいましめるために、門限を決めて破った者には罰金を科すことにしたが、最初に罰金を払うハメになったのは、親方自身であったとか。

先代九重親方の他の親方とまったく異質な点は、五十歳になったら、部屋を千代の富士関に譲る旨を宣言したことであった。

引退後ただちに二横綱が育ち、部屋の優勝回数が、北の富士時代十回、千代の富士三十一回、北勝海も八回を重ねた。この名門大部屋を引きつぐことが可能となれば、〝小さな大横綱〟の面目も立つことは間違いない。

ところで、親方の定年は六十五歳だから、先代九重親方は、年寄の名跡を変えても、まだ十数年の相撲界人生がのこされている計算だった。当然、名誉会長的な存在として、部屋に君臨しても不思議ではないところだ。が、〝江戸前親方〟は、そのような未練がましい生き方は好まなかった。

先代九重親方は、定年は待たずに第二の土俵から離れ、相撲解説者としての道を選んだのである。

現在、ＮＨＫの名解説者として、綱を張った重みと、豊かな語彙を駆使してのわかりやすい解説で活躍していることは説明するまでもない。

その彼に、千代の富士引退直後、インタビューを行っているので〝江戸前親方〟の弟子の育て方を聞いてみよう。

ハンディを乗り越え、千代の富士は何故最強たりえたか

――先代九重親方（元横綱北の富士）が明かす小さな大横綱の秘密

（聞き手　塩澤実信）

――千代の富士関は体が軽量であるにもかかわらず、あれだけの記録を達成する大横綱になりました。師匠の目から見て、どういうところが優れていたのでしょうか。

九重　体は小さい、そして怪我も多かったけれど、しかし、強靭なバネとか運動神経、集中力といった点で、やはり天才的なものを持っていたんじゃないんですか。あの体で入門してから四年足らずで関取になってますしね。

そういうことを考えると、非凡なものを持っていたんでしょう。それに加えて

研究熱心。相撲に対する集中力も凄いし、とにかく精神面が大きかったと思うんです。

――横綱とも話したんですが、土俵上で輪島関と睨みあっていたのが印象に残っているんですが…。

九重　僕は千代の富士に、「体で負けているんだから、気力では負けるな。横綱でも何でも土俵に上がったら五分と五分なんだから、うんと睨んで、それこそ胸の筋肉をピクピクさせてでも威嚇しろ。何か言われたら俺が責任とるから、とにかくいけ」と言ってけしかけました。だからあの頃さかんに、たいして厚くもない胸をぐっとそらしてた。それでも効果があったと思いますよ。

――そうした心理的な効果もさることながら、横綱は非常に稽古熱心で、しかも対戦相手の研究を欠かさなかった。出稽古にもよく出られたそうですね。

九重　出稽古に出かけて小錦に負けなくなった話も有名ですが、その前に琴風に悪かったんです。軽量なもんだから琴風に一気に根こそぎもっていかれて、相撲にならない時代があった。とにかくあの出足を止めなくちゃならない。それで琴風のところに乗り込んでいった。それから琴風も来るようになって、二人でかなりいい稽古をしてました。

そうしたら、そのうちにまったく押されなくなって、相撲が強くなっていった。琴風の出足を止められれば、たいがいの力士の出足は止められますからね。

――普通は苦手の力士とは顔も合わせたくないし、稽古だってあまりしたくないでしょう。

九重　そうですね。小錦となんか、あまり稽古したくないよね。実際、おそろしいしね。本場所だけで、もう勘弁ですよ。千代の富士はそのへんが他の力士と違うんでしょう。負けん気が強いんだな。

それから、千代の富士の最大の特長というのは、普通の力士は稽古場の力を本場所で七から八出せば上出来でしょう。半分の力も出せない人も多い。ところが、千代の富士は本場所で十二ぐらいの力を発揮する。

――何か大きな理由があるんですかね。

九重　一言でいうと、心臓に毛が生えてるくらい図太いんでしょうね（笑）。そして集中力がすごい。集中力がないと自分の体重の何倍もある奴を一気にもっていったり、投げ倒したりはできないでしょう。一〇キログラム違っただけで、相撲ではハンディがすごいんだから。

――体格のことをいえば、横綱は小さかったけれど、筋肉がすごいですよね。

九重　そうですね。しかも見た目は固いんですが、非常に柔軟性がある。力を入れてない時はほんとうに柔らかい筋肉なんですよ。

立ち合いの当たる瞬間、力を出す瞬間、左前みつを取った瞬間というのは、もう、当たった人間に聞くと、それこそトラックやダンプカーに衝突したようだと言いますからね。北勝海なんかも言うけど、目から火が出るらしい。真っ白になるらしいね。

今日の相撲だ。あれがお前の相撲だぞ。

――横綱は怪我をして、特に右の肩を脱臼してから、相撲の型が変わっていきますね。

九重　昭和五十五年の名古屋場所以降ぐらいですね。それまではとにかく、投げないと気がすまないというたちだったですから。

――変わった時というのは、やはり親方がアドバイスをしたのですか。

九重　もちろんね。あのまんま相撲を取っていたら、肩の脱臼なんかしょっちゅう繰り返してただろうし、だから、投げはもう忘れて前に出る相撲を取れ、と。いつだったのか正確には覚えてないけど、誰かと取った時に、その相撲が出たんだよね。

――たまたま出たんですか？

九重　たまたまです。あっ、これだなと思ってね。千代の富士が強くなるには、もうこの手しかないと思ったんだよね。それで千代の富士に、「今日の相撲だ。あの相撲がお前の相撲だぞ」と言ったんです。それから、本人が磨きをかけたんです。

でも、普通はいくら我々がアドバイスしたって、なかなかできないんですよ。投げから寄りに相撲を変えるなんて、一八〇度相撲を変えるわけだから。口で言うのは簡単だけど、やるのは大変なんですよ。

――そうでしょうね。今までの自分を否定するようなものですからね。

九重　ひとつ間違うと、もうバラバラになっちゃって、立ち合いなんかにしても、どう立っていいかわかんなくなっちゃうと思うんです。余計、相撲が悪くなるかもしれない。

――ところで、横綱は入門した頃から目立っていたんでしょうか。

九重　新弟子の頃から他の子とは全然違いました。足腰が光ってましたよ。他の新弟子はそれこそちょっとポンと押したら、コロンとひっくり返る子ばっかりなんです。ところが千代の富士は「うっ」とやっても、「おっ」とやっても、まだこけない。最後、ほんとに「このやろっ」とやらないと転ばないんです。それぐらい足腰がよかった。力も体の割に強かったしね。

――やはり、田舎で鍛えられた足腰があったんでしょうか。

九重　それもあるでしょうけど、持って生まれたものが大きいじゃないですか。あの体質というのは、鍛えたらどうのこうのというよりは、先天的なものがあるんだと思う。線が太いというのかな。鍛えれば、鍛えるほどプウーッと筋肉が発達してくる体質なんじゃないかな。無駄なものはなくて、ほんとの筋肉が育っていくという。

――入門した時は体重が七二キログラムでギリギリだったということですが……。

九重　足腰はよかったけど、体は小さかったですよ。そりゃ小さかった。僕は初めて見た時に「この子、相撲取りになるって言うけど、えらい小さいな」と思って見てましたから。

――煙草をやめて太ったという話ですね。

九重　うん。煙草をやめてからやっぱり変わったねえ。肉がついた。

――貴ノ花関にアドバイスされたそうですね。

九重　そうですね。たしか京都巡業だったんじゃないかな。僕と千代の富士が食事してたら、貴ノ花が僕のところに挨拶に来たんです。それで世間話なんかしてたんだけど、その時に千代の富士が食後の煙草を吸ったんだ。で、まあ体重の話になって、貴ノ花が「煙草やめたら太れるんじゃないかなあ。煙草はやめたほうがいい。だけど俺はやめられなかったけど」なんて言っていた。相当吸ってたんですが、それからはやめましたね。

――とても小さかった新弟子が、稽古に励み、怪我を克服し、そして横綱になった。横綱になってからどんどん記録を作っていくわけですが、千代の富士関は同じ部屋に北勝海関がいたことがよかったと言っています。

九重　たしかに、北勝海があそこまで育ってなかったら、千代の富士もここまで長く取ってこられなかったでしょうね。北勝海が千代の富士の胸を借りることによって、両者が本当にいい関係になっていった。稽古をつけているつもりが、終いにはいい稽古相手になってる。北勝海が千代の富士と互角の相撲を取るようになったからね。一日、一日と北勝海の当たりが違ってくるらしいんですよ。だから北勝海が成長することによって、千代の富士も「こりゃ、頑張らねば」となったんだろうと思うんです。

そして、千代の富士だけじゃないのかな、北勝海が横綱になると断言したのは。僕なんかは北勝海は関脇までいけばいいかなと思ってたけど、千代の富士は「絶対、あいつは大関になる。それから横綱になる」って言ってたもの。そういう意味では、僕はあんまり見る目がないのかもね。千代の富士だって「まあ、関脇くらいだろう」と思ったしね。

初優勝の時、千代の富士の姿を見て涙が。

——横綱は三十一回優勝してますが、親方から見て、どの優勝が一番思い出に残ってますか。

九重　やっぱり、初優勝の時ですね。北の湖に本割りで敗れて、そして優勝決定戦。あの二番は忘れられませんね。大関に昇進、横綱に昇進という時は、感激が大きすぎてピンとこないもんなんです。初優勝した時は、千代の富士の姿を見て涙が出ましたから。

——どこで見てたのですか。

九重　ちょうど検査役が終わって、部屋に帰ってきて上の座敷で見てたんです。

テレビでね。正座して見てた。本割りで負けた時、「あっ……でも、まあいいや。十四勝一敗でも大関にはなれるから、まあ、いいや」と思って……。決定戦はあきらめて見てたんだけど、思いがけず勝った。あの時は感激したな。

その頃うちの部屋は春江町にあって、遠かったんです。江戸川と荒川を渡らなきゃならない。こんな辺鄙な田舎に引っ越して来ちゃったけど、ここにいっぺんでもいいから優勝旗を持って来たいと思ってた。部屋を持った時からの念願だったから、嬉しくてね。

——優勝して大関に昇進。それから破竹の勢いでわずか三場所で横綱に。その時に親方が言った言葉が……。

九重 ああ（笑）。千代の富士は横綱になった時は体がなかったですから、短命かなと思って、「でも短命でもいいじゃないか。太く、短く辞めるときはさっと辞めよう。どうせお前そんなに長くとってられんのだから」と。可哀相なこと言っちゃった。こんなに十年もやって実際にびっくりしてるんです。

——さて、引退の話を聞いたのは？

九重　初日に負けた時に、本人は辞めるつもりで来たらしいんだけど、僕は、負けたからすぐ辞めるというのは素っ気なさすぎるな思ったから、「大丈夫だよ、一敗ぐらいしたって。これから盛り返せるから大丈夫だよ」なんて言って……。次の日の板井には勝ったけど、三日目の貴闘力に負けたら言ってくるなと思ってましたね。僕も同じ気持ちだったから、負けた時「ああ、これで終わったな」と。

　挨拶に来て、最初はにたっと照れ笑いしてる。「うん、どうだい」って言ったら、「ええ、もう限界です」って。「なんか思い残すことないか」と言ったら、「いや、もう何もありません」。ものの一、二分ですみました。

――場所前から予感みたいなものは？

九重　うん。してました。僕はできることなら勝ったまままきれいに辞めてもらいたいと思ってたから、場所前に二人で話して、「お前ちょっと本場所無理と思ったら、とりあえず休んで、名古屋に賭けてみたらどうだ」と言ったんです。でも、本人は「やります」と。それで、ああ、負けたら辞めるつもりだな、とすぐ思った。

――巷ではよく「あと一回で並ぶのに」という声が聞かれますが……。

九重　そりゃみんなそう言うし、本人もできればもう一回優勝して辞めたかったんだろうけど、しかし、僕は「記録はもう三十一回も三十二回も一緒だ。三十一回でも十分に三十二回、三十三回と同じ価値はあるんだし、そのことは誰もが認めるんだから、記録にこだわっちゃいかん。辞める時が大事だ」と言ったんです。

そういう意味じゃ、ほんとうに僕も納得したし、千代の富士本人も納得した、いい辞め方だったと思います。

「Number」二七一号（平成三年七月二十日）

土俵を追放された〝元横綱〟

プロレスラー北尾のデビュー

元横綱双羽黒こと北尾光司が、東京ドーム開場以来の六万三千九百人という観客を前に、プロレスへデビューしたのは、昭和六十二（一九八七）年二月十日である。

対戦相手は〝噛ませ犬〟クラッシャー・バンバン・ビガロという米国の悪役レスラーで、身長一九五センチ、体重一七〇キロの巨漢。リング歴七年を誇り、元スモウ・チャンピオンの初戦相手には不足はなかった。

北尾は、この晴れの大舞台で、〝噛ませ犬〟を十分足らずでフォール勝ちし、一応の格好はつけた。が、元横綱に対するファンの眼は厳しかった。国技の日下開山《ひのしたかいざん》から、リングのショーであるプロレスに転身したとはいえ、その出で立ちが失笑を買ったのである。

赤・黄・緑のレーザー光線が飛び交う中を、デーモン小暮作曲のテーマ曲『サンダーストーム（超闘王）』の旋律にのって登場したのだが、鋲打ちの黒の革ジャンに黒いサングラス。短く刈り上げた髪には黄色のメッシュが入っている。さらに、黄色いタンクトップにトランクス。リングシューズも黄色で統一した、さながらロックのライブを思わせる扮装《いでたち》だったのだ。

この奇想天外な変身に対し、よろこぶファンの一方で、「なんだい、さながら大ぼけターミネーターじゃねえか」などと、早くもヤジを飛ばす者も少なくなかった。

肝心の戦いぶりであったが、派手な格好とは裏腹に、高度の技の応酬があるわけでもなく、空手スタイルの挑発を繰り返してファンの失笑を買い、ビガロの突進を利用した〝巻き投げ〟の続出と、パンチ、キック、頭突きと、単調な技ばかりであった。

「なんとも可笑しかったのは」と、写真週刊誌の「フラッシュ」は書いている。

とどめのギロチン・ドロップの時、なにを思ったのか北尾はロープに飛ぶ方向を間違えてしまい、もう一度やり直すという大ポカをやってしまったのだ。さすがにその瞬間は大声援も大爆笑に！　その姿は、横綱の頃とは一変していた。

翌日のスポーツ各紙は、北尾の初勝利を大々的に報じていたが、冷静にそのデビューぶりを眺めると、元横綱から格闘技のピエロになったような感じで、相撲を愛する者には、いたたまれない気持ちだった。

北尾光司こと、元双羽黒を〝養殖の鮎〟といったのは、横綱審議委員のウルサ型、稲葉修であった。彼は元双羽黒がいちどの優勝もなく、準優勝つづきで横綱に推挙された折、この適切なたとえで、締りのない容貌と体躯の力士をあてこすったのだった。元双羽黒が、外見ばかりでなく、心の中も〝養殖の鮎〟であったことは、その後の彼の言動が示した通りである。

相撲史上に希に見る双羽黒の事件は、次の通りだった。ことの起こりは、付人いじめが異常で、付人の六人が集団脱走をしたことから、立浪親方が注意したが、反省は見られなかった。その驕慢さを、立浪部屋後援会名誉会長の板東啓三が忠告したところ、暴言を浴びせ、あろうことか九十二歳の高齢者を足蹴にしたのだ。

それを見た立浪夫人が間に入ろうとすると、オカミさんを突き飛ばし、

「二度と帰ってくるもんか。こんな部屋に。バカヤロー！」

と捨てゼリフを吐いて部屋を出奔してしまった。部屋のオカミさんといえば、母親同然の存在である。それを突き飛ばした上での捨てゼリフ。事態を重く見た師匠の立浪親方は、双羽黒の破門を決意し、春日野理事長に廃業届を提出した。春日野は、双羽黒の名付け親であった。本名の北尾で取っていた彼が、横綱昇進した時、立浪部屋の大先輩で不世出の大横綱だった双葉山と、その弟弟子で横綱を張った羽黒山関との四股名を足して「双羽黒」と命名。二メートルに一センチ欠けるが、一五一キロの天与の巨体の持ち主の明日に期待をかけてくれたのだった。だが、〝養殖の鮎〟は、見事に期待を裏切ってしまったのである。

それもこれも、天与の素質にめぐまれていたとはいえ、入門から日下開山へまで昇

りつめるまでが、挫折知らずの急上昇で、周囲からちやほやされ、天狗になってしまったことだった。あるベテランの相撲記者は、

「どんな力士でも、横綱になると、それ相応の風格、威厳がにじみ出てくるものだが、双羽黒だけは変わらなかったね」

と、語っていたものだった。

それでもなお、力士の象徴である大イチョウをのせ、羽織・袴に身をかためて、付人を数人従え、ノッシ、ノッシと歩いている時代は、なんとか格好がついた。

横綱の看板があれば、タニマチからの招待がひきもきらさず、超高級料亭やクラブで上座に据えられ、手厚い接待を受け祝儀もはずまれて、「ゴッチャンです」の一声で罷り通ることが出来たのだ。

稽古嫌いで、やたらと「痛い！　痛い！」を連発してサボりまくった力士だが、横綱の地位は、充分に享受していたはずだった。

その双羽黒こと北尾光司も、相撲界から足を洗えば、単なる巨躯の持ち主。プロレ

スに転身して、その天与の素質を活かせなかった〝木偶《でく》の棒〟にすぎなかったのである。

相撲天才の行方

横綱の看板がどんなにすごいものであるか……私が垣間見た一例では、五十四代横綱輪島が現役時代、銀座の高級クラブ、HやSへ取り巻きをひきつれて、遊びに来ていた姿が忘れられない。日大相撲部の後輩A関、美声のホマレ高い呼び出し某などが、よく一緒だった。軽く飲んで、当時一人三万や四万円はかかる高級クラブだった。

輪島は、そんな店でナポレオンやレミーマルタン級の高級酒をボトルで取り、グイグイ呷《あお》っていた。横綱の風格は四囲を払い、その泰然とした飲みっぷりは、絵になっていた。

取り巻きは、御大のご機嫌をうかがって歌い、自らもマイクを握って当時大流行していた「くちなしの花」などを器用に歌い、盛んな拍手を受けていた。呼び出しの某に至っては、ひとたびマイクを握ると、数曲たてつづけに歌い、他の席からマイクを所望されると、その方向をすかし見て「なんだハゲ！　文句あるのか」と一喝したものだった。特異社会の相撲界で、虎の威を借りた狐の体がありありだった。

私は、この一件を見て以来、この美声の呼び出しの脳レベルの低さに驚き、以降奴の存在を一切無視するようになった。多少の酔いがあり、自らが美声であるからといって、数曲、つづけざまに歌うのは非常識である。

横綱輪島の放縦な唯我独尊の土俵外の生き方にも、疑問をもつようになった。

案の定、彼は引退して名門・花籠部屋を継承し、親方（元大ノ海）の娘と結婚したものの、長年のゴッチャン・ボケで金銭感覚が欠落してしまい、厖大な借金をつくった上に、担保に年寄名跡を入れた一件で、相撲界から追放されてしまった。

土俵から離れた輪島は、ウドの大木にすぎなかった。高校横綱をふりだしに、学生横綱を二年連続獲得した上で、鳴りもの入りで角界に入り、幕下付出しのスタートで、二場所連続全勝優勝。初土俵から三年四カ月で横綱になるという、ジェット機なみのスピード出世で、相撲の天才の名をほしいままにしていた……。それだけに相撲以外に生きる術を知らず、土俵から下りてしまえば、〝スモウバカ〟と目されたのだ。

輪島にかぎらず、元力士が第二の人生をえらぶのに、もっともふさわしい世界は、巨体を生かせるところである。プロレスがその至近距離にあるわけだが、幕内優勝十四回の元横綱の看板は、客寄せに大きな力になるはずだった。しかし、目の肥えたプロレス・ファンを満足させるだけの技と演技力。長丁場に耐えるスタミナとスピードがないことには、早晩、飽きられて見捨てられる運命にある。

一例をあげれば、力道山全盛時代、鳴りもの入りでリングに登場した第四十代横綱の東富士だった。歴代横綱中の最重量で、怒涛の寄り身といわれた力強い出足と、右上手からの強烈な出し投げで、相撲ファンを熱狂させる力士だった。全勝はなかったが、六度賜杯を手にして、江戸っ子横綱の淡泊さにファン層は厚かった。力士間に信望もあり、力士会の会長に推されて待遇改善に努めた。引退後は、錦戸を襲名し、親方にもなろうとしたが、部屋の系列関係でモメたことに嫌気を持ち、あっさり襲名を蹴ってしまった。が、プロレスラーに転身後は、勝手ちがったマットの上に、その力は生かしきれないまま、消え去っていった。

やはり、横綱まで昇りつめながら、引退後、プロレスラーに転じ、期待はずれに終ったのがハワイ出身の曙太郎だった。

曙は、やはりハワイ出身の高見山大五郎こと元関脇の東関親方に見い出されて来日。身長二〇四センチ、体重一九七キロという恵まれた巨体で、初土俵から十八場所連続勝ち越し、同期の若貴兄弟に激しいライバル意識を燃やしながら、貴乃花とは大関、横綱への先陣争いを繰りひろげた。平成四年五月場所、関脇で初優勝。以降大関で二回、横綱で八回優勝を重ねて引退。

曙親方として東関部屋で後輩の指導に当ったが、平成十五年十一月、協会に退職願を出して、格闘技K―1に転身した。だが、長ラウンドに耐えるスタミナと、見せるテクニックに欠け、デビュー戦はボブ・サップに一ラウンドKOされてしまった。

二年後、プロレスに転じ、フリーランス・レスラーとして世界ヘビー級王座を獲得している。

一方、輪島は、現役から引退して丸五年たってからの格闘技への転身で、三十八歳の年齢からみて、前途に幾多の困難が予測されていた。そのハンディを、尨大な借金の手前、無理して、アメリカへ渡ってプロレスのテクニックを学び、遅咲きのデビューをはたすが、五年のブランクのツケは大きかった。

華麗なテクニックで、ファンを魅了するのはとても無理だった。土俵で見せたあのむきだしの闘志を、ひたむきに出して、ラフファイトの応酬でファンをわかす以外に手はなかった。たるんだ四十歳近い肌と背中には、借金に追われた者の悲壮感と哀愁が漂っていた。天才は夭折してこそ面目が保てるのたとえが、しみじみ迫ってくる感じだった。

スポーツ各紙は、初めのうちこそ、

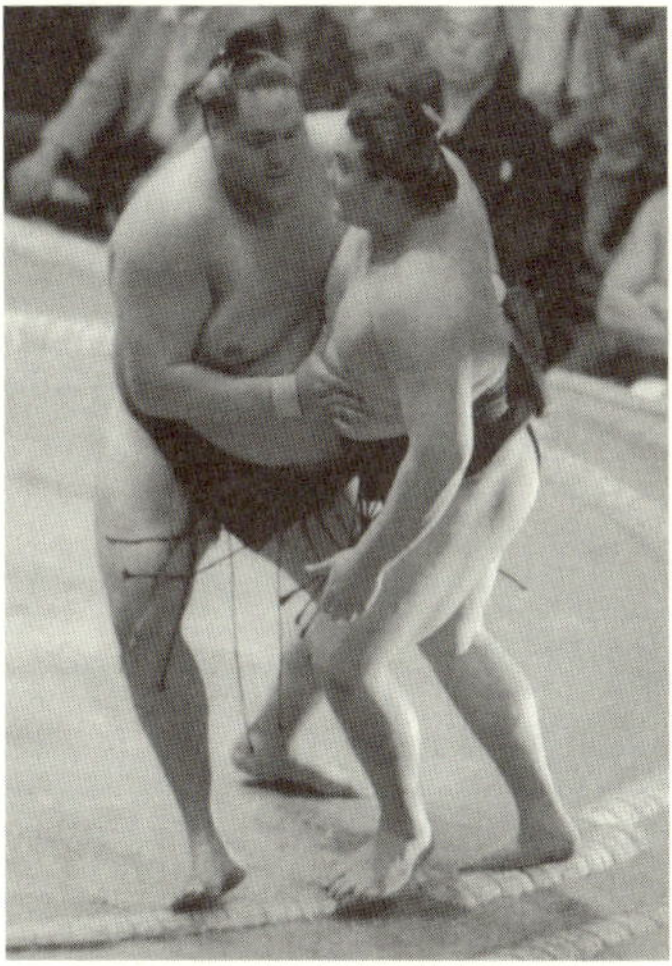

貴乃花を寄り切りで敗った曙（平成10年）

〝元横綱〟〝天才的力士〟のプロレス戦ぶりを、大々的に書きたてていた。腐っても鯛だった。しかし、輪島のファイトは、三、四年が限界だった。体力の衰えはおおうべくもなかった。十代から相撲の天才の名をほしいままにし、周囲からかつぎあげられて、驕慢に生きてしまった彼には、耐える力が残されていなかったのである。

この輪島に対し、元横綱双羽黒こと北尾は、年齢は二十六歳と若く、体も柔軟であった。根性を入れかえて取り組めば、その見映えのいい巨躯と、色白の甘いマスクから、スターレスラーになりうる可能性は大きかった。

〝養殖の鮎〟は、プライベートの立場で、いまは古巣の立浪部屋の後進の指導をしているという噂もある。

「小よく大を制する」相撲の味

身長一七一センチの小兵

日本人は、判官びいきの心情が強い。不遇な者や弱者、小兵などに同情する気持ち。相撲を例にとれば、小錦、豊ノ海など二〇〇キロを超える巨漢、曙、水戸泉といった、二メートル超の大兵より、軽量で小柄な力士を熱烈に応援することである。

平均身長一八五センチ、体重が一五〇キロの時代に、貴乃花、若乃花両力士に圧倒的な人気があったのは、その出自から、顔、体つき、若さ、強さに加えて、いまの相撲界では、平均以下のハンディを背負って、誠実に土俵に臨んでいる姿に対してであった。

ダントツの若・貴人気につづいて、当時人気の的になっていたのは、身長一七一センチ、体重九四・五キロの小兵、舞の海だった。

身長では、平均に一五センチ、体重で五〇数キロも足りない小躯で、そのシコ名のように、ここぞと思えばまたあちら……と、蝶が舞うような身の軽さで、小よく大を制して、相撲のダイゴ味を堪能させてくれたものだった。

とくに寺尾戦では、先輩のお株を奪う変り身の早さで寺尾の左脇に喰いつき、鮮やかな切り返しという大技で砂に這わせたこともあった。

寺尾も、身長こそ平均値だったが、体重は一一三キロと、いまの相撲界では軽量だった。が、役者を思わせる彫りの深い顔と、気っ風のいい突っ張りと差し身のよさで、ファン層は厚く、若・貴が登場する前までは、圧倒的な人気力士だった。

舞の海は、その寺尾より、さらに二〇キロも軽く、身長も一四センチも低く、その小躯の特典で、動きはさらにキビキビして敏捷で、完全に先輩を食ってしまっていた。

超弩級力士のひしめく平成の土俵上に、まったく新しい逸材が誕生していたわけで、面白さの幅は一段とひろがっていた。

それにつけても不思議なのは、入門規定が身長一七三センチ、体重七五キロ以上の時代に、舞の海のような小兵が、よくぞ入門できたもの……。

このあたりについては、抱腹絶倒のエピソードがのこされていた。

日大相撲部で活躍し、体重別大会ではあるが、四つのタイトルを獲得した長尾秀平（舞の海の本名）が、山形県の高校教師の口を蹴って相撲界へ進路を変えたのは、名門・出羽海部屋からの誘いがあったからだった。

同部屋には、当時、大学の先輩力士、両国、久島海などがいて、日大とコネが強かった。

ただし、プロの世界に入るからには、学生タイトルの手土産の前に、入門規定に叶う条件を充たしていなければならない。体重は心配ないとして、身長が問題だった。

長尾は、平成二年春場所の新弟子検査に臨んで
「部屋でちゃんと測って来ています」

と、検査に立ち合った親方衆に、胸を張っていた。

が、無骨なしぐさで係の親方が身長を計ってみると、規定の一七三センチに三センチも及ばぬ、普通のサラリーマン級の背丈しかなくて、不合格となってしまった。

中学生時代から相撲に打ち込んできていた長尾にとって、三センチ足らずで門前払いを食わされたのは、なんとも無念であった。

内定していた高校教師の口を袖にして土俵人生を志していただけに、不合格を理由にオメオメと郷里へは戻れない。

思案の末、長尾の頭に閃いたのは、ある力士が頭のいただきに瘤《こぶ》をつくって、それで規定をクリアしたという故事だった。

しかし、一センチ程度なら、ゲンコツの助けをかりて瘤をつくる法もあるが、三、四センチの瘤は無理である。彼は瘤の代りにシリコンを注入するという、屋上屋を架したウルトラ策で、突破を企てたのである。

五月の夏場所前の再検査で、〝頭上に下駄を履かせる〟涙ぐましい秘策を実践のおかげで、かろうじて規定を超え合格となったあと、邪魔ものは即座に除去したという。

シコ名を舞の海と名乗り、幕下付出しでデビューした彼は、五場所で幕下を通過。晴れて十両へすすみ、九勝六敗、八勝七敗、九勝六敗と夏場所で入幕へ駆け込むスピード昇進を達成したのだった。

舞の海は、この小躯で、二メートルを超える巨人力士の曙を〝三所攻め〟の奇襲戦略で土俵に這わせたこともあった。取り組む前に、徹底したイメージ戦略を練り上げていた。時には、立ち上がった瞬間、相手力士の顔前で手を打つ〝猫だまし〟にはじまって、後返立ち《バックだち》。横跳び《スピン》立ちなど、奇略奇手攻撃で土俵をわかせたものだった。

人気力士の面目を見事に演出したといえるだろう。

悲劇の大関大の里

小躯とは言え、大学時代に四つのタイトルを持つ舞の海は、プロとアマの差の歴然とした相撲界へ入っても遜色のない活躍ができた。これは彼の抜群の運動の神経と精進の賜と考えられる。

相撲史をひもといてみると、一般人の世界でも小柄に属する身長で、堂々三役を張った力士や、七〇キロそこそこの体重で幕内で活躍した名力士がいる。

その中で、史上最小の関取は、明治から大正時代に関脇まで昇進した玉椿憲太郎であろう。彼は身長がなんと一五八センチしかなかったのに、ダニのようなしぶとい取り口で活躍した。

軽量では、七一キロで最高位前頭三枚目までいった明治時代の藤見嶽と、大正時代に最高位小結まで昇進した紅葉川も話題の的だった。

藤見嶽は明治二十八年夏場所が初土俵で、四十三年夏場所まで現役をつとめたが、軽量をカバーするために、目まぐるしい撹乱戦法で勝星を拾っていたという。得意は蹴手繰りと記録されている。

身長一五八センチの最小関取玉椿も、入幕してしばら暫くは七三キロの軽量だった。その小兵で関脇まで昇進したのは、食い下がったらしぶとく、粘りに粘る相撲を取ったからで、その取り口からダニとアダ名されていた。

角聖といわれた明治の相撲の第一人者、第十九代横綱・常陸山さえ、玉椿に食い下がられると手こずって、三回も引き分けに持ちこまれているほどで、そのしぶとさはただものではなかった。

軽量力士では、得意技の張り手一発で巨漢久島海を倒した旭道山（左）も忘れられない。右は旭豊。中央は著者。

得意ワザは、頭捻《ずぶね》りと足癖だった。相撲の決まり手七十を調べてみると、その奇手は次のように解説されている。

「頭を使って相手をひねり倒すことからず頭ひねりといい、これがなまって、ずぶねりともいう。いわゆる向うづけの体勢から差し手を抱えるか、腕をつかむなどして、頭を中心にしてひねり倒す。小柄な食い下がりを得意とする力士が多く使う手である」

この解説からみて、小兵中の小兵・玉椿にあつらえ向きの技であったようだ。

ところで、小兵中の小兵の圧巻は、〝相撲の神様〟とまでたたえられた悲劇の大関大の里であろう。最盛期は九七キロまでになったが、入幕当時は七五キロの軽量であった。身長は一六四センチで、舞の海よりさらに七センチも低い小兵だった。しかし小型力士の得意とする食い下がりの体勢をとらなかったため、実際の背丈より二〇センチは大きく見えたという。

〝相撲の神様〟の異名が象徴しているように、その取り口は、千変万化で〝神技〟といわれた。大関を七年二十四場所もつとめ、さらに現役で活躍できる実力をもちながら、昭和七年、相撲改革を唱えて蹶起《けっき》した関脇天竜の片腕として、協会を脱退した。それでも志が通らないとなるや、新天地を満州に求めて捲土重来を期した。

だが、異郷でも志を得ないままに、四十七歳で死去。文字通りの悲劇の名大関で終った。

尾崎士郎は「相撲随筆」で、万感の思いをこめて、大の里の終焉を次のように綴っている。

「彼は瞑目する最後の瞬間まで、帰参力士の土俵を気にして、病室のラジオに耳を傾け、殊に松の里、十三錦らの手塩をかけた力士たちの取組になると、じっとしては居られず、燈明をあげて神様に祈っていたという。二十二日、遠く海をへだてて、電波がもたらす打出しの櫓太鼓の響きに耳をすましながら、彼は四十七歳の見果てぬ夢を残して、死んでいったのである。五尺四寸の小躯で、その全盛期に於てさえ、二十六貫を越えたことのなかった大の里。気質のやさしさと、愛情の深さ故に、力士全体の憧慕の的となっていた大の里。一歩踏み出せば、招かずして来る最後の光栄と幸運を前にしながら、一片の義気に唆《そその》かされて、運命の道を踏みちがえた大の里。あらゆるものを得る代りに、あらゆるものを失ひつくした大の里。——彼の悲劇は、悲劇的ならざる性格から、生まれたものであるだけに、ひとしほ哀傷を誘うのであろう」

今日に見る相撲史上、最高の殷賑《いんしん》も、万骨枯れた取的、悲劇の力士、挫折した関取たちの土俵上の汗と涙の上にある……。

土俵の明暗

四股名に学ぶ

昭和十四年の春場所で七十連勝を、新鋭安芸ノ海にはばまれたとはいえ、双葉山の人気は絶大だった。昭和時代を検証するとき、この大横綱の人気を凌駕するほどの者はいないだろう。後年〝巨人・大鵬・玉子焼き〟と子どもの好きなものの順序がはやしたてられたが、双葉山人気は、あの三つが束になってもかなわなかっただろう。

ゴラクも乏しい昭和前期の、十五年戦争の渦中という時代背景もあった。相撲が国技と称されていたこと、無類の相撲ファンであった今上天皇の天覧の栄に、重ね重ね浴していたこともあった。しかし、そのいちばんの理由は、横綱双葉山の心技体が一つになって、信念にみちた華麗な土俵態度にあった。

当時の日本人の理想像が、その姿影に具現されていたのである。当時、少年たちの遊びは「戦争ごっこ」と、「相撲」に代表されていた時代下で、寄るとさわると、相撲に興じたものだった。

その場合——子どもたちは贔屓《ひいき》筋力士の四股名にあやかって、「俺は羽黒山だ」「俺は鏡岩だに」と、それぞれの四股名を名乗っていたが、無敵双葉山の名は神聖化されていて、誰も借用する者はいなかった。いま一人、双葉山とともに横綱を張る巨漢力士男女ノ川を名乗るものも皆無だった。

「横綱男女《みな》ノ川登三。年齢三十八歳。身長六尺二寸九分(約一九〇センチ)、体重四十三貫五百匁(約一六三キロ)……」

巨漢特有の怪異な容貌に加えて、相撲が無骨で、X字型の両足を開いて、蟇蛙《ひきがえる》のような無様な格好で仕切る姿が、なんともいただけなかったのだ。しかも、豪快な突っぱりで勝ったかと思えば、翌日は身長・体重ともにはるかに劣った小力士に、立ち上がりざまに飛び込まれ、蹴手繰りの奇襲に土俵で四つん這いになるなど、横綱にあるまじき不恰好の黒星が多かった。それに加えて、四股名が男女の川などという、子ども心にも卑猥に感じられたのである。

昭和十四、五年の四股名を記憶によみがえらせてみると、男女ノ川をのぞいて、不思議といい名が揃っていたようである。

双葉山は別格として、横綱武蔵山はひろびろとした関東平野の、旧国名を伝えるひびきがあったし、三役陣の前田山、鏡岩、羽黒山、名寄岩、玉の海にも、出身地の高い山脈や、不動の巨岩を感じさせる磐石の備えのあるイメージがあった。

磐石といえば、西方の前頭五枚目に、磐石《ばんじゃく》という太鼓腹の力士がいた。楯甲《たてかぶと》も相手を腹にのっけて押し出すタイプ。ジャッキとあだ名された肥州山は、吊り出しの得意技があって、土俵際で、熱戦を繰り広げたものであった。そのほか安芸ノ海、和歌島、相模川、五ツ島、笠置山、鯱ノ里、大邱山《たいきゅうざん》、旭川、佐賀ノ花というように、その四股名をみれば、出身地がわかる力士が輩出していた。

安芸ノ海は広島、和歌島は和歌山県、相模川は神奈川県、五ツ島は九州の五島列島、笠置山は奈良県、鯱ノ里は名古屋、大邱山はいわずと知れた朝鮮、旭川も北海道、佐賀ノ花は佐賀県という結びつきである。

それらの力士を送り出している地方は、なにはともあれ、郷党の名誉をかけて、出身力士を応援し、その勝負に一喜一憂していた。

私の出身地、信州の飯田地方では、高登に肩入れしていた。彼は、飯田近郊の喬木《たかぎ》村出身で、全盛期は関脇まですすみ、地元では〝今雷電〟と謳われていた。

江戸時代に豪力無双の強豪として知られた信州出身の大力士にあやかって、第二の雷電を期待していたのである。高登はしかし、怪我のため、昭和十二、三年頃は、黒星と「や」印が番組表には並んでいた。

子どもの心にも、高登の不振は、歯ぎしりするほどの残念さであった。相撲狂のおやじは彼の後援会に入っていたようで、怪我さえなかったら、間違いなく大関まですすんだろうと、言いつづけていた。

片八百長とも知らずに

私が、小学校二、三年で、学校で教わりもしない「鯱《しゃち》」だの「巴《ともえ》」「楯《たて》」「磐《ばん》」「綾《あや》」などの難しい字を読めたのは、当時活躍していた力士の四股名からだった。ラジオの中継放送を聞きながら、新聞の番付表を見ていれば、イヤでも憶えられる仕組みだった。先にふれたように、少年の間には、それぞれの贔屓力士があり、相撲を取るときには、その贔屓の四股名を名のっていたが、私が双葉山の七十連勝を阻んだ安芸ノ海をいち早く襲名したのは、近所のガキ大将だったからだった。子どもの世界の勢力関係だった。強い力士、恰好のいい四股名、人気の高いものは、子どもの力の順位に従っていたのだ。

逆に力のない、泣き虫小僧は、必然的に弱い力士の四股名を押し付けられる。家の貧しい、少々運動神経の鈍い子どもには、その晩年〝出ると負け〟の異名があった、巨大力士の出羽ケ嶽を名のらせたりした。

出羽ケ嶽は、昭和の初期、その巨体と強豪ぶりで、人気凋落気味の大相撲を一人で背負った観のある力士だった。身長が二〇七センチ、体重が二〇三キロもあった相撲史上類のない超人で、最高位関脇までつとめた。

彼は、歌人で知られた斎藤茂吉の義兄弟と言われていた。茂吉の次男・北杜夫の小説『楡家の人びと』の中にも、その化けものじみた怪異な容貌、話しぶりが次のように描かれている。

「長く異様にはった頤《おとがい》、ぶ厚くまくれた唇《くちびる》、そこからぼそぼそと人間離れのした不明瞭な声音」

その怪物は、私が、相撲中継に熱中しはじめた昭和十年代には、負け続けて幕内から十両、幕下へと急転直下に転落している最中であった。大男揃いの力士の間で、ひときわ巨大な出羽ヶ嶽が、体重が自らの半分以下の力士に、わけもなく負けるとあって、彼は土俵上のピエロとなり下がっていた。

激情の人、斎藤茂吉に、出羽ヶ嶽の黒星続きは、なんとも悲しく、我慢ならないものがあった。当時の茂吉の歌集をひもとくと、その心情が次のように詠まれている。

番付もくだりくだりて弱くなりし
出羽ヶ嶽見に来て黙《もだ》しけり

絶間《たえま》なく動悸してわれは出羽ヶ嶽の
相撲に負くるありさまを見つ

木偶《でく》の如くに負けてしまへば一息に
いきどほろしとも今は思はず

固唾《かたづ》のむいとまも何もなくなりて
負くる相撲を何とかもいふ

一隊の小学児童が出羽ヶ嶽に

声援すればわが涙出でて止まらず
五ときあまりのうちにかく弱くなりし
力士の出羽ヶ嶽はや

双葉山が人気の絶頂にあった昭和十三年の五月場所には、なんと三段目東十一枚目まで転落していた。幕内経験者で三段目まで落ちた例はあったが、大関につぐ関脇までつとめた力士が、この位置に落ちて、土俵に上ったという前例はなかった。

相撲取りの年齢としては、数えの三十八歳にもなっていて力士としては、はるか以前に薹《とう》は立っていた。それにしても、ありあまる巨躯にめぐまれながら無残な負けがつづいたのは、脊髄カリエスにかかっていたからだった。そして、土俵上の屈辱的な道化役をその齢までつづけなければならなかったのは、年寄名跡をもっていない哀しさでもあった。

子どもたちには、出羽ヶ嶽の一身上のハンディなど知る由もなかった。強い力士に憧れ、熱狂的な声援を送るが、弱いもの、転落していく力士には、嘲笑を送る残酷さも、併せ持っていたのである。

ガキ大将の私は、自分がまず時の英雄、安芸ノ海の四股名を名のり、少々ノロマな少年には、土俵上のピエロの四股名を与えていたのである。そして、近所のガキ仲間の取組で、私は無敵の快進撃をつづけていた。

小柄で膂力が劣っているのに、私より力の強い、年上の少年に勝ちつづけていた真相は、やがて明らかにされる時がくる――。彼らは私に勝つと逆鱗に触れて仕返しされるので、わざと負けてくれていたのである。

「実信ちゃに、うまく負けてやるのに、俺たちは苦労したもんだったなァ」

市会議員に後年当選した、竹馬の友の十数年後の述懐であった。

たしか安芸ノ海のライバルだった羽黒山を四股名にしていたその友は、数年前の年末、忽然と逝ってしまった。下平一郎という心やさしい友だった。

立行司の軍配の重さ

二十七代木村庄之助

平成二年の九州場所を最後に、立行司二十七代木村庄之助が引退した。六十五歳の定年で別れをつげたわけだが、土俵生活は五十四年に及び、そのうち、伊之助を含めて立行司生活は十六年にわたった。

歴代の立行司の中では、異例の長さだった。土俵への結びつきのそもそもは、盛岡市の旅館を営む生家に、昭和十年夏、横綱玉錦ら巡業の一行が宿泊したのが機縁で、後年の名物行司〝ヒゲの伊之助〟のもとに弟子入りしたのが出発点だった。

昭和十一年一月場所で初土俵。二十五年九月に十両格となり、素足から十四年にして足袋着用が許される。六年後の三十一年五月には幕内格、装束《しょうぞく》の袖《そで》や裾《すそ》、軍配の房紐《ふさひも》の色が紅白房になった。

房紐の色が紅房になり、足袋に草履の着用が許される三役行司となったのは、四十一年十一月だった。初土俵から三十年を閲《けみ》していたわけである。

抜てき制度を適用され、先輩二人を抜いて、念願の立行司・二十三代式守伊之助に昇格したのが四十九年初場所だった。紫白房に、短刀、足袋、草履が許され、大関、横綱の相撲を審判する天下晴れての立場だった。

しかし、短刀が象徴しているように、軍配の差し違いがあったとき、切腹を覚悟の行司の権威の責任のかかっている厳しさが、立行司にはあった。

四年後、五十一年定年引退の二十六代木村庄之助の後を継ぎ、二十七代に昇格する。同じ立行司でも、紫房の行司の最高の位置づけにあった。十五日の土俵の結びの一番に土俵に上り、凛《りん》とした張りのある声で、

「この一番で本日の打ち止め！」

を告げる。

その一瞬、軍配を持つ右手の握りこぶしを上に構えて、軍配の上につかんでいた紫の房をぱらりと落す……。なんとも見事な古式ゆかしいセレモニーを担う立場だった。

二十七代木村庄之助は、師匠の〝ヒゲの伊之助〟を超えたわけで、その理由は、六十五歳の定年制と、木村・式守両家の交流もあって、庄之助が引退したあとに、伊之助が木村姓を名乗れるようになったからだった。

師匠の伊之助は、直弟子に「公平無私」を説いたという。この伊之助については、忘れ難い出来ごとがあった。年六場所制が敷かれた昭和三十三年九月場所だった。この場所は、若秩父、富樫、豊ノ海の十九歳の若手力士が揃って入幕し、番付面には、ハイティーン・トリオのはつらつとしたムードがみなぎっていた。

立行司ヒゲの伊之助の存在が、国技館を埋めた大観客と、テレビを見ていた全国の相撲ファンに、イヤというほど印象づけられたのは、初日の結びの一番前、西横綱栃錦と、東前頭七枚目北の洋の一戦の裁きであった。

速攻を武器とする北の洋は、立ち上がるや猛然と左を差して、横綱を土俵ぎわに押し込んでいった。変り身の早い栃錦は、俵づたいに左へまわり、北の洋を突き落しに崩したが、自らもほとんど同時に土俵を割っていた。

ヒゲの伊之助は、体をかがめて両力士の足もとをみていて、その一瞬、軍配を北の洋に上げかけて、栃錦へ上げるという「まわしウチワ」をとった。

行司には、審判規則の第四条――勝負の判定にあたっては、如何なる場合においても、東西いずれかに軍配をあげなければならないという規定があった。伊之助が、一瞬、北の洋に軍配を上げかけて、栃錦へもっていったのは、攻めていた方が北の洋だったからだった。

当然、物言いがつき、勝負検査役は土俵上で協議の上、四対一で北の洋の勝ちと判定した。ところが、ヒゲの伊之助はその判定に納得せず、北の洋と栃錦が同時にもつれこんで飛び出した俵あたりを指さし、土俵を叩いて北の洋が先に土俵を割ったことを、主張しつづけたのである。

そのため、場内は騒然となり、行司対勝負検査役のあいゆずらない論争を固唾《かたず》をのんで見守っていた。伊之助のカン高い声が涙にくぐもっているのが、場内にもはっきり伝わっていた。土俵上の物言い騒動は、十分を超えていただろうか。伊之助がどうしても納得しないのだったら、勝負検査役の誰かが、北の洋に軍配を上げかねない雰囲気となっていた。

勝負判定において行司は、物言いがついた場合、これを否定できず、土俵上の勝負検査役との協議では、発言権はあっても票決権はない立場であった。ヒゲの伊之助の執拗なまでの主張は、この規則に照らすとき、「行司の権限を越えた言動」と判定せざるをえなかった。ヒゲの伊之助は、勝負検査役に押し切られて、九月場所の初日、涙声で北の洋に軍配を上げたのだった。

行司の伝統の重さ

行司の権限を越えた行動との理由で、翌日から、彼は出場停止処分となった。大相撲における審判規制を知らぬ一般の相撲ファンは、この懲罰を納得しなかった。

錦織り、綾織りなどの絢爛豪華な装束、直垂《ひたたれ》と烏帽子《えぼし》まで着用して、厳粛裡に東西の両力士を立ち合わせ、その勝負を判定して、勝ち名乗りをさずけながら、ひとたび物言いがついた時、発言権はあっても票決権がない……。

「行司とは土俵に色を添えるピエロではないのか」

「時代錯誤の装束に身を固めた、土俵上の道化師にすぎない」

といった意見が、大相撲の成り立ちを知らぬ識者や、評論家風情の間から澎湃《ほうはい》として起こった。

また、大相撲を勝ち負けのみで見ているファン層には、仰々しい装束の行司などは必要ないと言い出すまでになった。行司がただ単にアンパイヤーであったら、この説も首肯できないことはなかった。

だが、日本の相撲は、神事として発展し、古代の宮廷の行事と切っても切れない因縁があった。それに、行司の位置づけが

「禁庭節会《せちえ》御相撲の時、相撲の長三人あり、都《すべ》て相撲の諸式を司る故これを昔より行司と云」

と、定められていることを知るとき、行司とは東西の両力士を土俵上に呼び出し、立ち合わせ、取組を進行させて、その結果としての勝負の判定をする役職であって、単なる競技の審判官とは雲泥の差があることだった。

参考までに書き添えると、平安朝の宮中で毎年行われた相撲節会《すまいのせちえ》のとき、いまの行司に相当する役柄はなく、勝負の判定は左右の近衛府の役人が二人ずつ控えていて、弓矢を帯し、自らの側のちからびとが勝ったと思うとき、矢を立てて勝ちを示したと記されている。

そして、

「勝負分明ならざるときは、上卿仰せを承って、左右の次将を召す。次将階下の東西に進んで、各見所を申す。或は公卿に向って、これを仰定らる」

と、つづけて記されていて、物言いがついてもめたときには、天皇の親裁を仰いだというのである。

これは「天判」といって、絶対の権限を持っていた。

つまり、相撲の審判のルーツをさかのぼっていくと、天皇が審判委員長をつとめていた「天判」へまで行き着くのであった。

相撲はその後、宮中の行事からはなれて、戦国時代には武家相撲となり、江戸時代には勧進相撲となって、ひろく庶民の楽しむ興行へと変わっていった。その間、織田信長の時代に、勝負判定を専任する行司の役職が、ようやく定められた。

「行司者木瀬蔵春庵、木瀬太郎太夫両人也」が行司の始祖となる。その後この両家の流れを伝承して、木瀬、岩井、長瀬、吉岡等、十数家の行司家が生まれたが、数百年の間に淘汰されて、最後に残ったのが木村・式守二家のみになった。

木村家は、志賀清林を流祖とし、五代目庄之助が、熊本の吉田司家の門人となってから家系を改め、江戸相撲の行司を務めるようになって、立行司の筆頭として今日に続く名門を築きあげた。

木村家に次ぐ式守家は、初代伊勢ノ海五太夫が別名式守五太夫と称して、江戸時代に新しく行司家を創立。その門下から初代式守伊之助が出て、木村家と拮抗しながら現代にまで続くことになった。

木村家と式守家の違いは、木村家は軍配を持つ右手の握りこぶしを上に構える。式守家はこの逆の握りこぶしを下にして、指を上にする程度の差であった。前者を「陰」、後者を「陽」といった。

立行司の軍配は、〝譲《ゆず》り団扇《うちわ》〟といって、代々、先代から次代へと譲り渡していくしきたりとなっていた。

第三十三代木村庄之助の『力士の世界』によると、軍配の材質は、桧、桑、欅、樫、紫檀など、さまざまがあり、今は桧が多いという。重さは七五〇グラムから一キログラムと意外に重いようで、両面に漆《うるし》が塗られ、家紋や日月、菊水などの紋様や漢詩が描かれていた。

木村家の〝譲り団扇〟の表には、

「知進知退　随時出処」

裏には、

「冬則龍潜　夏則鳳挙」

と書かれていた。

しかし、〝譲り団扇〟は常時使うものではない貴重品で、形式として、三日程度使った後、傷つけたり失くしたりしたら大変と、相撲博物館へ返す習わしになっている。

国技としての方式に法《のっと》った流れを継承する行司職には、伝統の重さが、その軍配の上に厳然とのっているのである。

花田家三代「良血の系譜」

相撲史上空前の奇跡が実現

血のつながる親子力士、兄弟関取の活躍する時代となった。国技といわれる大相撲の人気に魅かれ、親や兄に続いて入門し、きびしい稽古に耐えて十両以上の〝関取〟になるケースが珍しくなくなったのである。

しかし、二代、三代とつづいて、関取―それも力士を志した者の夢である大関、横綱へと昇りつめた家系は、相撲史上に見られなかった。親の七光りや、縁戚の権威がまったく力を持たず、ただ実力がものを言う世界で、入門を許された三百数十人に一人という大関、横綱へ三代続いての昇進するケースは、奇跡と考えられていたのである。

その奇跡が平成五年の春、ついに実現した。いわずと知れた初代若乃花（元横綱、元二子山親方、元相撲博物館館長）、その末弟の貴ノ花（元大関、元藤島親方）につづく、花田家三代の貴花田の大関昇進であった。貴花田は、この後、四股名を貴乃花と、父親の貴ノ花を一字変えて襲名している。

弱冠二十歳。これまた相撲史上の最年少大関の記録であった。そして、彼の資質、たゆまぬ努力、年齢から見て日下開山《ひのしたかいざん》も夢ではないと考えられていたが、横綱への悲願は実現し、あろうことか同時入門の兄若花田も、大関へ昇進。弟貴乃花に続いて横綱に推され、若乃花三代目を襲名したのである。この空前に近い大記録を、次々と塗り替えていった花田家のちからびとの流れは、四十五代横綱・若乃花を鼻祖としていた。

昭和二十年代後半から三十年代半ばにかけて、〝土俵の鬼〟と畏怖され、横綱栃錦とのスピード感あふれた技と力の応酬で、土俵人気を二分した強豪であった。

初代若乃花の出自を辿ると、青森県中津軽郡新和村に行き当たる。彼は広大なりんご園を持つ農家の長男として、昭和三（一九二八）年三月に生まれた、花田宇一郎二十一歳、きゑ十九歳のときの子供で、花田家が順調であったら、相撲取りになる確率は限りなくゼロに近かった。

農家の跡取り息子、花田勝治の運命が一変するのは、昭和九年秋に日本列島を襲った室戸台風だった。花田家は、収穫一カ月前のりんご園を根こそぎに倒される憂き目にあったのだ。

「花岩の檀那」といわれ、農事は小作人にまかせて、精米と土木工事を請け負っていた宇一郎は、それまで人にだまされて借金を山のように作っていた。その借金と台風のダブルパンチで、一家は父祖の土地にいられなくなり、北海道・室蘭の親戚を頼って、夜逃げ同然に去ったのである。勝治が七歳の年末だった。

春秋の筆法をとれば、室戸台風が相撲史上に燦然と輝く、三代の名力士を生んだことになる。しかし、花田家の辺縁を調べると、ちからびととなる血が、伏流となって流れていたのである。

父宇一郎は一七四センチの筋肉質の体で、田舎相撲では「響若」の四股名をもつ関脇クラスだった。母方のいとこにも、昭和十年代に大相撲の幕内力士として活躍した業師《わざし》武ノ里。さらに祖母の実兄にも、近隣では鳴らした草相撲の大関がいた。

母きゑは、武ノ里がしばし実家を訪れて、大相撲の雰囲気を伝えてくれたのと、草相撲であれ、夫が「響若」の四股名を持った三役クラスとあって、相撲には深い理解をもっていた。母親のその心情が、長男勝治と十人兄弟の末弟で、二十二歳も年の離れた満（後の貴ノ花）が相撲界に入る際、絶大な力を発揮することになった。

花田家から力士一号――勝治が大相撲へ入門するきっかけは、敗戦直後、二所ノ関部屋が室蘭へ巡業に来たことだった。小学校を出て、家計を助けるために、港の荷揚げ作業員になっていた勝治は、石炭や鉄鉱石を天秤棒で振り分けて、一度に一五〇キロもかつぐ力持ちとして知られていた。

彼もその日、相撲見物に出かけていたが、その膂力を買われて飛び入りで出場。序の口、序二段を投げ飛ばしたことから、入門を請われるなりゆきとなった。傷痍軍人で動けなくなっていた宇一郎は、一家の働き手をとられては大変と、頑強に反対したが、その夫を説得し勝治を相撲界に入門させてくれたのが、母きゑだった。

兄弟で横綱、大関を張る

昭和二十一（一九四六）年十一月初土俵、四股名・若ノ花を名乗る。二所一門の猛稽古に鍛えぬかれて出世街道をひた走り、二十五年春、念願の入幕をはたした。港の荷揚げで鍛えた強靭な足腰と、父祖伝来の膂力。子だくさんの生家を助けなくてはならぬというハングリー精神が、若ノ花の向上思考に連なったのである。彼は土俵で、何をやるかわからない異能ぶりを発揮して勝ちすすみ、三十年秋には大関に昇進した。

父の死の二カ月後のことだった。

葬儀の後、「みんなでお前のところに行くわけにはいかないかい」と母に懇願され、勝治は室蘭に残る母と五人の弟妹の、生活のめんどうをみることを余儀なくされた。彼はすでに結婚していて、三歳の長男勝雄と長女幸子との四人家族だったが、室蘭の六人を加えて一挙に十人に膨らんだ家計を、一人で背負うことになった。後年貴ノ花となる末弟満は、そのとき五歳で、長男勝雄の遊び友だちだった。

十人の生活を背負った初代若乃花（改名）は、阿修羅のような〝土俵の鬼〟に一変した。宿敵・栃錦に優勝一歩手前で賜杯を奪われたり、綱取りを目前に涙を飲まされたりしながら、シーソーゲームを繰りひろげ、戦後第一期の大相撲黄金時代を築く原動力となった。

昭和三十三（一九五八）年初場所、十三勝二敗で二度目の優勝をした後、四十五代横綱に推挙される。横綱決定を知った若乃花は、綱の重さへの責任と、負けが込めば引退——一家が路頭に迷うという怖れから、

「困った、困った……」

と、深刻な表情で呟いていた。

しかし、責任感の旺盛な若乃花は、猛烈な稽古量で小兵のハンディをはねのけ、ライバル栃錦と追いつ追われつの熱戦を展開した。

宿敵との対戦は、若乃花の土俵人生で三十四回に及んだが、圧巻は三十五年春場所

千秋楽での全勝対決であった。

相撲史上初めての全勝同士の両横綱の対決は、栃が立ち合い一気に勝負をかけ、鋭い出足で突っ込んだが、若、この先制攻撃を受け止めて、左四つがっぷりから、前まわしを引きつける。栃は一呼吸おいて左の差し手を抜き、若の手首を押さえ、まわしを切りにかかる。その一瞬をとらえて若は右を差し、もろ差しとなって渾身の力で寄り切ったのだった。

館内を興奮のるつぼとした三分三十秒の壮絶な一戦だった。

初代若乃花の銅像

すでに〝柏鵬時代〟は幕開けしていた。栃錦は翌場所初日、二日目と連敗すると引退。最大の目標を失った若乃花は、二年後の三十七年夏場所に引退し、二子山部屋を創設した。

第二の土俵人生で、親方は「十年

で三役、二十年で大関、横綱を」の目標を立て、「礼儀、清潔、整頓、猛稽古」を部屋のモットーに後進の指導に乗り出した。

その親方の末弟満が、

「どうしても相撲を取りたいから、弟子入りさせてください」

と申し出てきたのは、四十年の春だった。

「いや、駄目だ！」

親方は強い口調で、はねつけるように断った。長男の親方と七男の満は、親子ほど年が離れている。満はこのとき十五歳だった。若乃花が横綱になる直前、不慮の事故で死去した長男勝雄の遊び友だちで、亡き愛児をしのぶいとおしさがあった。それと即座に断った理由は、かつて入門を許した四男の陸奥之丞が、三段目まで進みながら横綱の弟の慢心から不祥事を起こし、マゲを切る一件があったからだ。

〈同じ轍を踏ませたくない…〉

親方にこの思いは深かった。それに満は、中学校の水泳のバタフライの中学日本新記録をマークし、オリンピックの有望選手と目されていた。

このとき、

「そういわないで…」

と、口添えしたのは、母きゑだった。親方が入門の際、強硬に反対した父を説得してくれた大恩ある母である。若乃花にはこの母には逆らえない弱さがあった。二人の粘りに、しぶしぶ寄り切られた彼は、

「よし、今日限りでお前と兄弟の縁を切る。明日からは親方とただの新弟子でしかない。わかったかッ！」

といい、厳しい条件をつけて入門を許したのだった。

「夢のまた夢」伯父から甥への賜杯贈与

満は花田の四股名で初土俵を踏み、昭和四十（一九六五）年名古屋場所で序ノ口優勝を果たす。以降、十七場所連続勝ち越しを記録、四股名を貴ノ花に改め、〝角界の

プリンス〟たる人気と期待を一身に集めていった。

細身ではあるが、鍛え抜いた筋肉のヨロイをまとった若武者のような力士で、北の湖、輪島、高見山といった巨漢、重量級が跋扈する土俵で、常に正攻法で挑み、執念で勝ち星をもぎとっていった。

貴ノ花のこの正々堂々とした勇気のある戦いぶりは、太平洋戦争緒戦に大活躍した海軍の主力戦闘機・零戦になぞらえる向きがあった。軽量で、エンジンの回転が抜群によく、美しい姿影を持つこの戦闘機が、土俵上ではるかに大きく、重い相手力士とわたり合う貴ノ花の姿と重なったからである。

彼は二十歳の若さで、二子山親方の反対を押し切り、三歳年上の元松竹女優、藤田憲子と結ばれた。親方に結婚を願い出たとき、憲子はすでに身ごもっていた。

その事実を知った母きゑが、

「一緒にさせてあげなさい」

と、親方を取りなしてくれたのだ。

挙式をすませて三カ月後の四十六年一月二十日、憲子は体重三七〇〇グラムの男児を産む。長男勝——後の横綱三代目若乃花であった。

翌四十七年八月十二日、体重三九〇〇グラムの超健康優良児にめぐまれる。次男光司——貴乃花であった。

初優勝祝賀会で次男光司（後の貴乃花）を抱く貴ノ花。右は憲子夫人、長男勝（後の若乃花）。

父貴ノ花は、次男が生まれた直後の秋場所、十勝五敗で二回目の敢闘賞を土産に、ライバル輪島と一緒に大関に昇進した。

彼は、生後一カ月の光司を見て、

「この子のために頑張った」

と語り、十二月十八日の大関昇進披露パーティーに、憲子夫人と愛児の勝、光司も連れていったのである。

大関に進んだ貴ノ花は、五十年春場所、横綱北の湖と優勝決定戦の末に初優勝を遂げ、実兄である親方の手から優勝旗を受け取るという、相撲史上初の快挙を成し遂げた。貴ノ花はこの年の秋場所、カド番大関で二度目の優勝をし、九州場所、再度の横綱挑戦となったが、前回と同様、中日までに三敗を喫し、横綱昇進は夢と化してしまった。

大関在位の最長記録五十場所を残して、貴ノ花が引退したのは昭和五十六（一九八一）年初場所であった。その夜、当時小学校四年生だった長男勝は、父親の膝の上で「僕は相撲取りになる」と誓いの言葉を告げた。

兄弟は、小学校、中学校時代を通じて、わんぱく相撲（小学生、中学生の相撲大会）の花形に育っていった。〝親子鷹〟いや、三代続きの花田家のちからびとの血の証明に、走りはじめたのだ。

五十七年二月十一日、引退した貴ノ花は藤島部屋をスタートさせた。部屋第一号の関取、安芸ノ島が誕生したのは、六年目の六十二年名古屋場所だった。

勝、光司兄弟が、相撲界へ入門の意思表示をしたのは、六十三年の春だった。光司が中学校を卒業し、入門年齢の十五歳に達したのを潮に、明大付属中野高校に学ぶ兄勝と話し合っての入門願だった。

「今日から、親方の弟子になります。よろしくお願いいたします」

セレモニーとしてのわが子の言葉を受けて、藤島親方は低い声で言った。

「よし、今日限りお前たちとは親方と弟子になる。パパとママの呼び方は許さない。親方とおかみさんだ。わかったな」

花田兄弟の初めての番付発表（昭和63年）

藤島親方のこの一言は、兄の二子山親方が彼の入門の際に厳然と言い放ったのと同じ重さをもっていた。

兄弟は、荷物をまとめて三階の自宅から二階の大部屋へと移っていった。

新弟子若花田、貴花田が、この環境の激変に耐えて、親方をはじめとする周囲にその存在を認めてもらうには、稽古に稽古を重ねて、一日も早く〝関取〟となり、横綱若乃花、貴ノ花の血の継承者を証明する以外に道はなかった。

二人は、五年足らずでその期待に十分すぎるほど応えるが、とくに貴花田は、十両、幕内、初金星、三役昇進、三賞受賞、初優勝と相撲史上の最年少記録を次々と塗りかえていった。

ちからびとと花田家三代の祖——初代若乃花こと伯父の二子山理事長（当時）は、三代目の見事な活躍ぶり目を細めて、

「血のなせるわざだ……」

と、誰にいうともなく呟いていた。

その二子山理事長は、末弟の貴ノ花に優勝旗を手渡し、理事長勇退寸前の平成四年の初場所に、甥の貴花田に賜杯を渡し、「夢のまた夢」と自らに言わしめる、奇跡的な喜びを享受したのである。

力道山が喝破した〝狼の血〟

プロレス界の英雄だった力道山は、初代若乃花の兄弟子だった。二所ノ関部屋の先輩で、若ノ花が入門当時、三役力士の位置で新弟子の若ノ花、琴ケ濵などを猛烈に可愛がった。

力道山の猛烈な可愛がり方は、講談社の『復刻版　少年マガジン大全集』、昭和三十五年三月号の『がんばれ若乃花』に収録されている。

「ぼくは、そのわかい弟子を、『おおかみ』とよんでいた。

しかし、ぼくがつけたあだ名じゃない。だれいうとなしに、みんなでつけたのだ。からだはあまり大きくなく、やせてはらがへっこんでいるが、ものすごいファイトだ。一度、頭をつけてくいさがったら、もう、てこでもはなれない。

これじゃ、だれだって、『おおかみ』とよびたくなる。」（注・初代若乃花の『土俵

に生きて』によると、〝狼〟の名付け親は力道山だと述べている）

力道山の手記は、この書き出しではじまり、若乃花がいかに稽古熱心であったかを、自らの相撲時代の稽古体験を通して述べていた。

力道山はつづけて、若乃花が自殺を考えたことがあった事実にふれていた。

「あるとき、ぼくは、若乃花が川へとびこんで死のうとしたときいて、びっくりした。あまりぼくのけいこがきつかったので、くやしくて、たまらなかったらしい。

そうきけば、ぼくにむかってくる若乃花の目は、ファイトにもえて血走っていた。（中略）

若乃花は、ぐんぐん出世して、三役へはいったが、ファイトだけはうしなわなかった。

『けいこもたいせつだが、力士がけいこをするのはあたりまえだ。それよりも、もっとたいせつなのは、〝なにくそ、負けるものか…〟というファイトだ。』

若乃花がそういうのをきいて、ぼくは、ほんとうだと思った。（中略）

横綱にすいせんされたとき、若乃花は、

『こまったことになった』

と、頭をかかえたのは、おもしろかった。

横綱はいちばん上だから、ファイトの若乃花は、もう上のものをたおすたのしみがなくなったわけなのだ。」

〝負けじ魂〟こそ力士の原点

この記録は、人気絶頂期のプロレスの王者・力道山の雑談をもとに、少年の読物風に書かれたものだが、若乃花に、千代の富士と同じ〝おおかみ〟なるニックネームがついていたとは、寡聞にして私は彼の現役時代は知らなかった。

若乃花と一代を築いた横綱栃錦に、食らいついたらはなれない〝まむし〟のあだ名があったことは、あまりにも有名だったが……。

一代に名を成す強豪、名力士には、狼だの蝮といった、一筋縄ではいかないあだ名が付くものらしい。そのくらい執念、しつこさ、くいついたらはなさないファイトがないことには、一廉《ひとかど》のちからびとにはなれないのだろう。

それに加えて、「なにくそ！　負けるものか！」という勝負へのこだわりである。先にも触れたことだが、私が引退後の当時の二子山親方（初代若乃花）に会った時、彼は私を叱りつけるような語調で、いまの力士の根性のなさに言及し、それは親の考え方にも責任がある旨を述べていた。

「わしらが、力士になるため国を発つとき、親は『一廉《ひとかど》の力士になるまで帰ってくるな！』と言ったものですよ。それが、いまの親ときたら『つらかったらいつでも帰っておいで』というんですからね。これでは、強い力士なんて出てこないですよッ！」

その励ましの言葉と、「なにくそ、負けるものか！」の負けじ魂が、猛烈な稽古に耐えさせ、強い力士を生み出す原動力になっていることは、いまも昔もかわらないようだ。

若貴の母親、花田憲子の「子育て・子離れ」（毎日新聞、九〇年十二月九日）に、次のような談話が残されている。

「子離れ、親離れは待ったなしでやってきた。藤島部屋に入門することが決まり、三階の自宅を出て、二階の大広間に移ったときを境に、『パパ、ママ』という呼び方は『親方、おかみさん』に変わり、元にもどることはない。」
『覚悟するとかしないとかでなくて、親子の間にパシッとシャッターがおりるような感じでした。』

兄弟は、一つ屋根の下に住みながら、両親をパパ、ママとふたたび呼ぶことはなく、早く強くなりたい一心で、人より早く起き、夜も門限ぎりぎりまで稽古を重ねた。天性のサラブレッドの血に加えての、根性をすえた猛稽古によって、若・貴兄弟は、記録破りの早さで幕下、十両、前頭と昇進、やがて、兄弟ともに、力士の悲願とする日下開山にまで昇ったのである。

若乃花、貴乃花の最初で最後の横綱ツーショット（平成12年）

親方、おかみさんも偉かったが、勝・

光司兄弟も立派だった。そして、このルーツを辿っていくと、親方が、兄若乃花の創設した二子山部屋へ入門したときに行き当たるようだ。十人兄弟と長男と末子とあって、当時の二子山親方（初代若乃花）と貴ノ花には、二十二歳の年齢の差があった。若・貴花田の親子の年齢差である。

親方は、その弟が入門を申し出ると

「今日限りで、お前と兄弟の縁を切る。明日からは親方と、ただの新弟子でしかない」

と、絶縁宣言を下し、ことさらに厳しい稽古を強いたのだった。あまりの厳しさに、部屋の裏に住む母親のところへ逃げ帰ったこともあったそうで、初代若乃花は、

「つらくて、ばあさんのところへ逃げ帰ったこともあったようでしたがね」

と、苦笑まじりに私に話してくれたものだった。

鬼のようになって鍛える親方、それに耐え抜いた弟貴ノ花――。

その流れが、三代目若乃花、二代目貴乃花にも継承され、後に土俵人気を二分する気鋭力士、兄弟横綱を生んだのであった。

第三章　伝統文化・相撲の周辺

相撲は宮廷の儀式だった

天皇家と相撲

平成二年の五月場所の初日、天皇・皇后は両国国技館で大相撲をご観戦になった。たまたまその日、ベースボール・マガジン社池田恒雄社長のご招待で、私は一階ボックス席で家族とももどもに、観戦する機会に恵まれた。

非礼ながら、土俵の熱戦の間隔をぬって、ご観戦の様子を拝察したが、両陛下はどの力士の勝負にも、お心のこもった拍手をなさって、身をのり出すようにしてご覧になっていた。昭和天皇の相撲好きが、そのまま新天皇に引きつがれた感じがあり、同慶にたえなかった。

もともと相撲は、天皇家に深いかかわりのある格闘技であった。神話時代から、相撲に類した「力くらべ」の伝説があって、『古事記』をひもとくと、天孫降臨のときに、大国主命が葦原中津国を占拠していて、皇孫にこの地をゆずらなかったので、天照大神が建御雷神《たけみかづちのかみ》をつかわし、帰順をすすめたと記されている。

ところが、大国主命のこども建御名方神《たてみなかたのかみ》は、力自慢の荒ごとを好む神で説得には耳をかさず、

「この建御名の神千引石を手末《たますえ》にささげて、誰れぞ我が国に来て、忍び忍びにかく物言う。しからば力競べせむ、かれ我れ先づその御手を取らむ」と、力競べを提案。建御雷と、出雲国伊那佐の小浜（現・島根県簸川郡大社町稲佐浜）で、一戦を交えることになった。しかし勝負は、ひとたまりもなかった。

「――御雷神、御名方神の手を取り、若葦を取るが如く摑みひしぎてこれを投げ離すに、御名方神は逃げ去って科野国洲羽の海に至る」

俗に、赤子の手をひねるという言葉があるが、御雷神は赤子どころか、若葦をひね

りつぶすように、摑んでおしつぶして投げすてたというのである。敗れ去った御名方神は、信濃（長野県）の諏訪湖へ逃げて、いまにのこる湖畔の国幣中社諏訪神社は、この敗者を祭神として祀っているのだそうである。

また、『日本書紀』には、国技の始祖とされる野見宿禰《のみのすくね》と当麻蹶速《たいまのくえはや》の力捔《ちからくらべ》が記されている。十一代垂仁天皇の七年七月七日、天覧のもとに行われたそうだが、膂力《りょりょく》にまさる宿禰は、相手の脇腹を蹴り折って殺してしまったと記されている。

『古事記』、『日本書紀』ともに、このあたりは神話の域を出ない、史実には遠い伝説である。が、有史以前から、部族間の争いを力くらべで解決したり、渡来人が先住民と争いを、相撲に仮託して言い伝えられてものと解釈することができる。

この力くらべが、史実として記録されるのは、皇極天皇元年（六四二）からである。日本史の上では、蘇我入鹿が専制をきわめた時代で、翌二年には、百済《くだら》の王族が内乱のために亡命してきたり、高句麗の使者が、内乱を報告に来朝していた。

つまり相撲が、歴史の裏づけのある記録となるのは、皇極元年七月だった。『日本書紀』によると、古代南朝鮮の百済国の使者・智積《ちしゃく》が前舒明天皇の弔意と、高句麗・新羅の挟撃にさらされ、危急存亡の瀬戸ぎわにあった百済の救援を乞いにやってきた折、飛鳥の宮廷の庭で、健児《こんでい》をあつめて、相撲をとらせ、もてなしをしたという。

健児とは、全国から集められ、諸国に配置されていた屈強な兵士のことで、「ちからびと」とも読まれていた。百済の使者のもてなしに相撲をとらされた健児は、宮廷を守る近衛《このえ》兵だったのだろう。

相撲の記録は、この後、元正天皇・天武天皇・持統天皇の代に、散見できる。桓武天皇の延暦十二（七九三）年からはじまり、高倉天皇の承安四（一一七四）年までつづく平安時代には、相撲は射礼《じゃらい》、騎射《うまゆる》とともに宮廷儀式の三度節《さんどせち》の一つ「相撲節会《すまいのせちえ》」になった。

宮廷の儀式を制定した書物の『内裏式』をひもとくと、国家の安泰と、五穀の豊穣を祈願し、また農作物の豊凶を占う〝国占〟でもあったと記されている。

そして、相撲節が盛んになるに従い、大会の二、三カ月前になると、左近衛府と右近衛府から、七道の各国に相撲部領使《ことりつかい》が派遣されて、膂力のすぐれた若者たちを、ウノ目タカノ目で探して歩いた。

こうしてえらび出された健児は、相撲節の当日、天皇の御前で力を競う。貴族や臣下が招かれて、相伴にあずかり、付随した舞楽も楽しむという大宴会儀式に発展していった。

相撲好きの天皇

相撲のルーツを辿って行くと、宮廷の重要儀式に結びついたまことに由緒のある格闘技であることがわかる。

しかし、高倉天皇の時代となって、源平の争乱がおこり、天皇家も劫火の限外に居られなくなって、相撲節も維持できなくなり、廃絶された。承安四（一一七四）年七月の儀式が、最後であった。

相撲はこのあと、群雄割拠する戦国時代の武家相撲となり、さらに江戸の勧進相撲となって、営利興行へと変わる。ひろく国民が相撲を楽しみ、人気力士が彼らのヒーローとなるのは、それからであった。

相撲が、相撲節会が廃絶されてから約七百年ぶりに、天覧の栄に浴するのは、明治十七年三月十日であった。相撲好きだった明治天皇に、芝浜離宮で取組みをお見せしたのである。

当時、現人神《あらひとがみ》と言われていた天皇であった。沈滞していた相撲は、この天覧を契機としていやがうえにもよみがえり、さらに、横綱梅ケ谷、西ノ海、小錦らの強豪が台頭してきて、近代相撲の興隆へと向うのである。

そして、大相撲の今日の発展をみるとき、ひときわ大きいパトロン的な役割を担われたのが、昭和天皇であった。大の相撲ファンで昭和天皇は、一年に二度、あるいは三度、両国国技館で相撲見物をされるのを楽しみにされていた。

ご自身も、小学生時代に侍従相手に相撲をとられ、その取組みの写真が残っている。相撲協会の理事長として、昭和天皇に五十年五月場所以来、六十二年夏場所までに二十一回、ご説明役を受け持った、春日野親方は、『栃錦・春日野自伝』の中で、次のように書いている。

「昭和天皇は、決まり手などにも非常におくわしかった。それは、大正十二年から昭和八年まで武官長をつとめた奈良大将が相撲好きであったし、そのあとも同じく相撲好きの入江（相政《すけまさ》）さんが侍従となってこられたので、日頃から相撲に関する話題が多かったためもあったと思われる。

入江さんなどは、小学校の子供時代から春日野部屋に遊びに来ていて、先々代の春日野親方に『勝ってね』と応援していたほどの人である」

もっとも身近につかえる者が、大の相撲ファンとあっては、昭和天皇の相撲への想いはつのる一方であったにちがいない。

それに加えて、摂政宮時代の大正十三（一九二四）年、東宮御学問所で斯界の権威の進講を受けたが、倫理科の国粋主義者・杉浦重剛には、相撲について、次のような教えを受けてこられたのである。

「我が国の遊技にして、外国に類例なきものは、相撲を以て最も著るしと為す。故に世人之を日本の国技と称す。

太古より武人が其の力量を角することは無きにしもあらざりしが、相撲道の祖としては一般に野見宿禰《のみのすくね》を推す。宿禰は出雲国の産にして垂仁天皇の御世の勇士なり。当時当麻蹶速《たいまのけはや》といふものありて、強力無双、能く角を毀《か》き、鈎を申《の》べたり。天下我に敵するものなしと傲語す。

天皇之を聞召され、出雲国より宿禰を召して、蹶速と力を角せしむ。両人相向って立ち、互いに足を挙げて蹴合ひたるに宿禰遂に勝ちて、蹶速を蹴殺し了りぬ。天皇大に宿禰の勇力を称し蹶速の所領を収めて、悉く之を宿禰に下し賜はりぬ。是れ相撲の濫觴《らんしょう》なり。爾後朝廷に於ても相撲の節会を設けらるゝことありて、之を奨励せられたり」

（『倫理学御進講草案』第一学年序説第十二篇中の第一より）

科学者でもあり、合理的なお考えの持主であった昭和天皇が、神話に出てくる相撲の話をお信じになっていたかどうかはわからない。

が、相撲好きの侍従や武官にかしずかれ、さらに、国粋主義的教育者から相撲道を通じての倫理学を教えられて、昭和天皇の相撲への思い入れはさらに深められていったことだろう。

天皇家の相撲の関わりを思うとき、国技館へお出になって、土俵上の熱戦をご覧になるのは、伝統に則られたセレモニーとも考えられる。

国民ともどもお楽しみになられることを、希いたい。

文豪・夏目漱石の相撲観

愛児と裸で相撲を取る

千円札の元肖像画でお馴染みの文豪・夏目漱石はたいへんな相撲好きで、かつ相撲通であった。

鏡子夫人の口述をまとめた『漱石の思い出』をひもとくと、文豪が明治四十二年に完成した両国の国技館に、親友の中村是好《ぜこう》の招待で観戦に通ったことが、述べられている。

それによると、漱石は

「芝居は、うそで固めた上にうそがある」

から、ほんとうに好きになれなかったが、相撲は本場所になるとよく出かけたと、あのいかめしい肖像画のイメージに、ちょっと合わない証言がなされている。

「……角力は八百長角力以外は、自分の力のありったけを出し合って戦う。そのうそいつわりのない、いわば無邪気な正真正銘かけ値なしのところが見ていて気持ちがいいといったところがあったようです。で角力には根気よく通いました。

ちょうどそのころ中村是好さんが席を取ってらして、そこへ来い来いと誘われましたので、いつもお邪魔をしていたのでした。そこで人様の席だというので、家族のものを連れて行くではなし、自分一人でひょっこり出かけて、かえって来ても、こちらできくでもなし、自分で進んで話すでもなし、いっこう角力の話は出ないのでしたが、それでも翌日になるとまた出かけました。よほど好きだったとみえます。だから私もどんな顔をして角力を見ているのか知らず、かえって『朝日新聞』に出ていた岡本一平さんの漫画などで、それを知るようなものでした。

この、人様の席だから子供などでも決して連れて行かないなどという律儀なところ

夏目漱石

が、いかにも夏目らしいところで、こういうところは礼儀正しいと申しますか、遠慮深いと申しますか、あるいは小心と申しますか、とにかく窮屈なくらい几帳面で、キチンとけじめがついていたものでした」

大学予備門時代同じ釜の飯を食い、親友となった中村は、後藤新平の信頼をえて、台湾・満州の日本植民地で要職に就き、漱石を相撲の桟敷へ招いた頃は、満鉄総裁だった。

漱石の死後、鉄道院総裁から東京市長を歴任する。

その彼は、明治四十二年に、漱石を満州へ招くが、文豪が「金がない」というと、「金はやるから来い」と、五百円もの大金を送ってきたり、胃潰瘍で生死の境をさまよい、修善寺で療養していた折には、三百円のお見舞いを届けていた。

因みに、明治末期の五百円は、良質のダイヤモンド一カラットを買って、五十円の釣銭がくるほどの大金だった。現在の金額に換算して、七、八百万円を超えるのではないか。

中村是好は、このように最高級の官僚だったから、正面桝席を場所中の十日間通しで持つことは、なんら痛痒を感じなかった。当時の桝席は、六人詰めとなっていた。観覧料は、火鉢、座ブトン、おみやげ料は別で、大人一人当たり、一円六十銭だった。子供は、その半額の八十銭——漱石さえ、その気であれば、相撲好きだった娘や息子ぐらいは、桝席へ入れてもらえる余裕は、充分にあった。

鏡子夫人の回想によると、娘の上の二人は漱石が神経衰弱気味で、感情の起伏が激しい時代を知っているので、しっかりなじまなかった。

「下の二人とはよく両方で裸になって、角力を取って遊んだりからかったりしておりました」と述べている。

長女の筆子の回想によると、漱石対愛児の大相撲の一幕は、

「……弟達と四つになって組合っている事がよくありましたね。……いくらたいかく

の貧弱な父でも弟たち二人だけではとてもかなわないので、形勢不利になると、『助けを求む』ときまって二人のうちのどちらかが叫ぶのでした。すると何処からともなく下の妹達が応援にかけつけ、四対一の大ずもうになるのです。

父は本気で真赤になって力み、弟妹が、たもとといわず帯といわず引っぱりますので、胸元ははだけるわ、帯はとけるわで、それはそれは、こっけいな姿になるのが再々でした」

といった、ほほえましさだったらしい。

相撲に人生を見る

文豪の相撲好きが、半端ではないことは、愛児たちとの取り組みで明らかにされる。では、漱石は相撲をどのように見ていたのだろう。

それを知るためには、相撲に招待された日の観戦記だの、書簡をつづった一文でも書きのこされていれば、明らかになる。ところが、観戦記のたぐいはなく、ただ、明治四十二年、国技館が完成した月に、相撲に関しての件が散見しているのである。
「六月二日　水　晴。午後一時長谷川二葉亭の葬式に染井の墓地に赴く。国技館の開会式挙行。……」

四迷は、四十二年の五月十日夕刻、ベンガル湾上の船室で死んでいた。前年六月、朝日新聞特派員として、ロシアのペテルブルグに行ったが、寒気のため肺結核を再発。翌年四月帰国の途上で死去したのである。そして、国技館の開会式当日に、その葬儀があり、漱石はそちらの方へ顔をだしていたわけだ。

漱石は、四迷の死について、次のような感懐を述べている。

「露都滞留中ただ一枚の端書をくれたことがある。それには、弱い話だが此方の寒さにはかなわないとあった。余は其の端書を見て気の毒のうちにも一種の可笑味《おかしみ》を覚えた。まさか死ぬ程寒いとは思わなかったからである。然し死ぬ程寒かったものと見える」

漱石が、この日、新国技館の開会式へ出席していたら、ドーム型の丸屋根の下、三層の観客席は、一万三千人を収容の大建築をどのように表現したことか。しかも当日の貴賓席には閑院宮、陸軍の奥参謀総長、海軍からは伊藤元帥。貴衆両院議長、東京市長、外国の大・公使が、文字通り綺羅星の如く、出席していたのである。

この場所、漱石は九日目に、念願叶って高浜虚子と国技館に行き、朝から夕刻までの実に十時間、常陸山、梅ケ谷の両横綱、台頭いちじるしい大関太刀山らの相撲を堪能していた。

「六月十四日　月　陰。烈風。朝虚子と国技館へ行く。九時から六時までいる。色々な相撲と色々な取込《〔ママ〕》を見る。しかし花相撲における若い力士が無暗に取るような際どいもの一つもなし。

相撲の筋肉の光沢が力瘤の入れ具合で、光線をうける模様が変ってぴかぴかする。はなはだ美しきものなり。……」

本場所では、花だけを受けとる臨時興行のアクロバットもどきの取組はなく、オーソドックスな四つ相撲が多いことと、力士の鍛えあげられた体が、光沢を放ってピカピカしている美しさに、言及している。

夏目漱石長男・純一氏（左）と著者。彼は目や鼻が父親そっくりだった。

文豪は、この相撲の四つに組んだ力技の中に、人の生き方を重ね合わせていた。国技館の開館した翌年の明治四十三年八月、漱石は修善寺温泉で大吐血をして、九死に一生をえていた。

この大患後、文豪は以前のようにイライラした嶮《けわ》しいところがとれて、心機一転、見違えるばかりに人なつこくなったと、鏡子夫人は述べている。そして、十月頃から死線を越えた後の感懐を『思い出す事など』に綴るが、その中に、相撲の戦いの中に、人生の相を見出した旨を、書いていた。

「余はこの心持をどう形容すべきかに迷う。力を商いにする相撲が、四つに組んで、かっきり合ったとき、土俵のまん中に立つかれらの姿は、存外静かに落ちついている。けれどもその腹は一分とたたないうちに、おそるべき波を上下に描かなければやまない。そうして暑そうな汗の玉が幾筋となく背中を流れ出す。

最も安全に見えるかれらの姿勢は、この波のとこの汗のかろうじてもたらす努力の結果である。静かなのは相剋する血の骨の、わずかに平均を得た象徴である。これを互殺の和という。二、三十秒の現状を維持するに、かれらがどれほどの気魄を消耗せねばならぬかを思うとき、見る人ははじめて残酷の感を起こすだろう。

自活の計に追われる動物として、生を営む一点からみた人間は、まさにこの相撲のごとく苦しいものである。われわれは平和なる家庭の主人公とした、少なくとも衣食の満足を、われらとわれらの妻子とに与えんがために、この相撲に等しいほどの緊張に甘んじて、日々自己と世間との間に、互殺の平和を見出そうとつとめつつある」

漱石の内孫で学習院大学教授の夏目房之介は、祖父が相撲にふれた文章の中で、この一章を深く銘記しているという。

一人さみしき勝相撲――国民作家吉川英治の見た双葉山

至難な全勝優勝

平成六（一九九四）年の名古屋場所は、ハワイ生まれの異邦人力士・大関武蔵丸が、十五日間を全勝で飾り、初の賜盃を手にした。平成元（一九八九）年秋場所、千代の富士が達成して以来五年目――三十場所ぶりの快挙で、この間隔の長さが、十五日間の土俵をすべて白星で飾ることの難しさを物語っている。

その全勝優勝を、年二場所、十一日間から十三日間へと移行する、昭和十一年夏場所から十三年夏場所にかけて、五場所連続で飾った大力士がいた。

言わずと知れた六十九連勝の双葉山である。相撲史上空前のこの大記録は、関脇時代の昭和十一年春場所の六日目、東横綱玉錦の引き落しに敗れた翌日、西前頭四枚目、瓊之浦《たまのうら》を打棄《うっちゃ》りで破ってからスタートした。そして、翌十一年夏場所九日目に西関脇の双葉山は、東横綱玉錦と対戦。浴びせ倒しでついに、宿敵を破って全勝優勝をはたすのだが、この一勝は〝玉錦時代〟から〝双葉山時代〟へと、覇者が交代したことを意味する画期的な白星であった。

それは、番付を決める本場所の両雄の対戦成績（左頁表）を見れば明らかになろう。双葉山は六回まで、玉錦に連敗していたが、昭和十一年夏場所の七回目の対戦で、土俵の王者をついに倒すとともに、彼は、初の優勝を全勝で飾ったのである。

歴史的一戦は、どのように戦われたのか！

「初日から勝ち放しはこの二力士だけで、優勝を左右する結びの大一番。満員の館内は熱気にあふれ、仕切り七回でたった」と記すのは、高永武敏・原田宏共著の労作『激動の相撲昭和史』（ベースボール・マガジン社刊）で、その記述に従うと、次の通りだった。

「両者激しい突っ張りあいから開戦。双葉山ノド輪で攻めて右を差し左上手を取れば、

場所	双葉山	決まり手	玉錦
昭和7夏4日目	●	極め倒し	○
8夏2日目	●	突き出し	○
9夏6日目	●	寄り倒し	○
10春6日目	●	寄り倒し	○
10夏4日目	●	寄り倒し	○
11春6日目	●	引き落し	○
11夏9日目	○	浴びせ倒し	●
12夏12日目	○	下手投げ	●
13春千秋楽	○	上手投げ	●
13夏千秋楽	○	寄り倒し	●

玉錦も上手、下手十分の右四つになる。双葉山が寄ると、玉錦は両差しを狙って左の巻き替えに出た。双葉山すかさず右からおっつけて寄りたておいこんだ。玉錦みるみるうちに正面土俵につまり、左で双葉山の首を巻き打っ棄りを見せたが、双葉山は左上手を離し、かさにかかって浴びせ倒した」

　七戦目で王者を倒したというものの、関脇と横綱の番付の位置が示すように、まだこのころは、玉錦の実力は歴然、双葉山を圧していたとみられていた。事実、場所後の第六回大日本相撲選手権大会では、決勝戦で玉錦が双葉山を寄り倒して破り、十月の大阪場所でも勝って、綱の権威を守った。

ところが、本場所の土俵では、翌十二年夏場所、十三年春、同夏場所と双葉山が勝ち放していた。玉錦との対戦が、ここでおわっているのは、土俵に一時代を築いたヒーローが、十三年十二月に、盲腸炎をこじらせてこの世を去ってしまったからである。

当時、玉錦、武蔵山、男女ノ川《みなのがわ》、双葉山の四横綱が揃っていたが、〝ストップ・ザ・双葉〟の実力と、期待を持たれた力士は、玉錦だけだった。その期待の強豪が急逝したとあって、それから後は双葉山が、無人の野を行くが如くに白星街道をつっ走ることとなった。

宮本武蔵と双葉山と

大衆文壇に、ひときわ屹立した存在の吉川英治が、朝日新聞紙上に人気絶頂の長期連続小説『宮本武蔵』を執筆していたのは、昭和十年八月から、十四年にかけてであった。

正確に記すと、昭和十年八月二十二日にスタートし、回を重ねること六百回、十二年五月二十三日にいったん休載して、翌十三年一月五日再登場し、十四年七月十一日、四百七十二回をもって完結するまで、前後実に一千回を超す大長編となった。

この連載期間は、日中戦争前後から、中国大陸で戦火をひろげていく歳月にパラレルし、さらに、不世出の大力士、双葉山の六十九連勝をつっ走る時期にほぼ重なっていた。

中国大陸で戦火をひろげていた日本軍は、士気と軍備、そして戦いの練度で中国軍をはるかに勝っていた。

日本軍は、この戦いを――暴支膺懲《ようちょう》の〝聖戦〟と喧伝し、緒戦は連戦連勝の勢いで、蒋介石政権の首都、南京を六カ月足らずの十二月十三日には陥落させていた。

双葉山の快進撃と、中国大陸の日本軍の連載連勝がオーバーラップしていたわけで、双葉山の人気はいやが上にも高まり、彼は勝利の象徴と目されるまでになっていたのである。

一方、東京、大阪の朝日新聞に『宮本武蔵』を連載していた吉川英治は、日中戦争が勃発した当時は休載中で、後半の構想を練っていた。

前半六百回に造形化された宮本武蔵は、難行苦行して剣の奥義をきわめていく求道の人であり、そのストイックな生き方は、作者の後半の人生を引き写した部分があった。

吉川英治は、少年時代に家が没落したため小学校を三年で中退し、印章店の店員、少年工、給仕、船具工など、底辺の勤めを転々とした。

歳端《としは》もゆかない少年の身で苦労を重ねる中で、彼の心には母親や幼い弟妹たちへの骨肉の愛が育ち、人の悲しみを忖度《そんたく》する深い思いやりと、独自の大衆性が培《つちか》われていった。

明治末期、十九歳で横浜から上京。柳樽同人となって、川柳になじみをもつが、それが吉川の文学的土壌となった。

ついで、講談社から発行されていた「講談倶楽部」などの懸賞小説に連続入選して認められ、その筆力を駆《か》って初期の傑作『剣難女難』『鳴門秘帖』『江戸三国志』等の伝奇性に富んだ長編を書き、大衆作家として地位を固めた。

昭和に入ると『かんかん虫は唱ふ』『あるぷす大将』でユーモア小説に新境地を開き、幕末ものの傑作『松や露八』を経て、吉川文学の後半の方向を示す『宮本武蔵』を手がけるに至ったのである。

青年武蔵に自らの求道精神を仮託して、彫心鏤骨《ちょうしんるこつ》の作品を綴っていた吉川英治に、連勝街道をひた走る青年横綱・双葉山の土俵とその生き様が、視界に入らないはずはなかった。

その吉川英治が、国民あげての一大ヒーロー双葉山に会ったのは、昭和十二年夏場所十二日目、東横綱玉錦を下手投げで破った夜であった。未曾有の相撲景気で、十三日間興行となっていたが、この場所、武蔵山と男女ノ川の両横綱は全休し、玉錦がひとり日下開山《ひのしたかいざん》の名誉と権威を担って、土俵をつとめていた。十二日目に、双葉山と取り組むことになった。玉錦は、東横綱の沽券にかけても、昇竜の双葉山を、土俵の砂に叩きつけなければならない責務があった。が、あいにく横綱は、その日三十八度の高熱に苦しんでいた。

気性のはげしい玉錦は、そのハンディをひたかくしにして、立ち上がるや一気に勝負を賭けて、右四つから猛然と寄って出た。粘り腰の双葉山は、その寄りを受けてさがりながら右から下手投げを打ち、玉錦を土俵に転がした。

超満員の観衆は、双葉山の三十九連勝に、国技館も割れるばかりの大喝采を送った。

本場所で一戦を終えると、双葉山は立浪部屋の関取衆を連れて、エスケープするお座敷があった。同郷出身の帝都日日新聞社社長・野依《のより》秀市が、双葉山の明日の英気を養うために用意していた、新橋の築地郵便局横丁の料亭「吉田家」だった。

生来、無口な双葉山は、白星が重なるにつれ、ますます寡黙の度を強めていた。気心の知れた同部屋の関取衆に囲まれて吉田家で飲んでいても、その性状に変わりはなかった。

彼は、取り巻きたちの賞賛と、阿諛追従《あゆついしょう》の渦巻く中に座って、ぽつねんと盃を重ねているのが常だった。

昭和十二年夏場所十二日目、高熱をおして出場した横綱玉錦を下手投げで破り、三十九連勝を達成した夜も、双葉山は周囲の熱狂から、ひとり浮き上がった孤影の人であった。

求道の孤剣の人・宮本武蔵を創作中の吉川英治は、身近に見たこの不世出の大横綱の姿に、其の場に馴染まぬ不調和さを、強く感じた。

十七文字の短詩型から文学の道へ入った吉川は、白星街道を一人行く大横綱のその姿を次の一句に詠いあげたのである。

江戸中で一人さみしき勝相撲

中国籍作家　陳舜臣の見た「横綱の風格」

土俵上の力士の顔

陳舜臣――その姓名で明らかかのように、中国人の血をひく作家である。神戸市の貿易商の家に生まれ、大阪外語学校インド語部に学んで、卒業後同校の西南アジア語研究所で日印辞典の編集に従っていた。

昭和二十年八月、日本の敗戦で研究所をやめ、家業を手伝っていたが、志を小説に転じて、三十六年『枯草の根』で第七回江戸川乱歩賞を受賞した。

四十三年『青玉獅子香炉』で第六十回直木賞を受けるが、その受賞は遅すぎるきらいがあった。詮衡委員の松本清張は、そのあたりを次のように述べていた。

「直木賞をとっくの昔にもらってもいい人なのに、また、それに値する作品を多く書いているのに奇妙に機会がなかった。受賞作は陳氏のものとしてはとくにすぐれているものではない。あれ以上のものは今までいくつもあつた。題材からいっても氏の薬籠中のものだから氏としては平均作の上質の部類だろう。ということは受賞以後の活躍が間違いないことである。」

炯眼な松本清張に、こう折紙をつけられた陳舜臣のその後の執筆活動はめざましかった。

四十五年、『玉領よふたたび』で日本推理作家協会賞、翌四十六年『実録・アヘン戦争』で第二十五回毎日出版文化賞。五十一年には『敦煌の旅』で第三回大佛次郎賞。さらに六十三年には、『茶事遍路』で第四十回読売文学賞随筆・紀行賞を受賞している。

彼は、この間に『小説十八史略』全四巻、『中国の歴史』全十五巻、『太平天国』全四巻、『中国五千年』『長安の夢』『中国の歴史近・現代篇』全十三巻等、自らの血のルーツを辿って、中国の歴史、政治、あるいは地域に眼をそそいで、中国人ならでは描けないスケールと、故国へ寄せる哀歓を織り込んだ力作を書いていく。

自らは、神戸に生まれ育ち、日本の学校に学びながら、作品の題材は常に日本文学の土壌にはない、また描き難いものばかりであった。作品のスケールにも増して、その人となりは円満で大人《たいじん》の風格を四囲にただよわせていた。

その陳舜臣に、日本の国技、大相撲の『横綱の風格』を述べたエッセイがあった。

「四球で一塁に出たランナーが、一塁手とにこにこ話をしているシーンをみて、野球の解説者が、『あれはいけませんね』と言っているのを、テレビでみたことがある」

のリードから、

「試合中はきびしい顔つきでいるのはとうぜんである」

と言及し、つづいて相撲へと話題を転じていた。その件《くだり》は、

「話はかわつて相撲のことだが、

——相手をにらみつけるのは横綱の風格に欠ける。

と言うジイさんがあらわれたのには驚いた。

では、いったいどんな顔をすればよいのか？　にこにこ笑って、さあ、八百長をやりましょうか、という顔ならいいのだろうか。顔つき、表情というものには個人差がある。目の細い人は、いくらにらんだつもりでも、観客にはにらんだようにはみえない。どんぐり目玉の人は、にらんでいなくてもにらんだようにみえる。

勝負のときは、それぞれもって生まれた顔で、真剣な表情をすべきである。いや、八百長でなければ、しぜんに真剣な表情になるものである。それを風格がないなどと言うのは相撲の神様になっている野見宿禰《のみのすくね》に申し訳ないであろう」

と、ユーモアにあふれた取り組みの際のあらまほしき力士の表情を述べていた。その上で垂仁《すいにん》天皇の天覧相撲で、野見宿禰は相手の当麻蹶速《たいまのけはや》の肋骨を踏みくだいて殺すという、真剣勝負を絵にかいたような試合をやったが、

「このとき、野見宿禰は小錦のような目玉で相手をにらみつけたであろう」

と、推量していた。

しかし、野見宿禰は、勝負であったから相手を殺してしまったのであって、

「決して凶悪な人物ではなかった」

とそのやさしさの裏づけも忘れなかった。作家は次のように書く。

「当時、豪族の首長が死ぬと、殉死の風習があったのを、宿禰がそれを改めて、埴輪を立てるように進言し、天皇からほめられた話が伝わっている。心やさしい人であった」と。

大政治家を見舞う

陳舜臣は、このあと、「横綱」という力士の階級が、どのようにして認められたかを、相撲史をひもといて、ほぼ、次のように書いていた。

番付に「横綱」の称号が明記されるようになったのは、明治二十三(一八九〇)年五月場所からだった。これは大関西ノ海が欄外に張出されたことに抗議したのに対し、苦肉の策として、「張出横綱」としたものだった。このことが横綱を、最高位におく前提となり明治四十二年に協会規則に明文化されるわけだが、横綱に代数をつけることを発明したのは、幕末の横綱陣幕久五郎（十二代）であった。

陳舜臣は、その陣幕へと話をすすめていく。

「深川八幡の境内に『横綱力士碑』が立てられたのは明治三十三（一九〇〇）年のことであり、これを勧進したのが十二代陣幕久五郎であった。彼も横綱の免許を受けた大関だったが、世間では売名的行為だという人もいたようだ。」

碑の募金は、明治二十八（一八九五）年にはじめられていた。陣幕はすでに六十九歳の高齢であった。

前年の八月一日、清国《しんこく》に宣戦布告をした日本は、黄海海戦に勝利し、十一月二十一日は旅順口を占領、この年の二月一日には清国の講和使節と広島で第一回会談していた。翌日全権委任状の不備を理由に交渉を拒絶し、三月十九日、李鴻章《りこうしょう》があらためて講和全権として来日、二十日に下関で講和会議を開いていた。

日清の休戦条約は、十日後の三十日に調印となるが、この間の二十四日、全権の李鴻章は暴漢にピストルで撃たれて負傷するという国辱的な事件があった。

作家の『横綱の風格』は、そのクライマックス陣幕の李鴻章見舞へと進む。

「『天下の横綱力士』と自負する陣幕は、日本国民の代表のつもりで、李鴻章を見舞ったのであろう。李鴻章は下関に到着した数日後、小山某という暴漢にピストルで撃たれて負傷していたのである。

二人はその後も文通をつづけたという。横綱力士碑完成の年、陣幕久五郎は李鴻章からもらった手紙を、『読売新聞』を通じて公表（十一月三十日付）している。そのなかに、

——中国不幸にして兵端を開く（義和団事件のこと）、斯《こ》の民何の辜《つみ》ぞ塗炭の苦に遭う。……

という文章がある。一国の宰相がこのような述懐をもらしたのは、陣幕久五郎の人間を信じたからではないだろうか。自己顕示欲が強かったなどといわれるが、これが横綱の風格かもしれない。李鴻章はこの手紙を出した翌年に死に、陣幕久五郎はその二年後に他界している」

陳舜臣の『横綱の風格』は、四百字詰原稿用紙六枚足らずの短文にすぎない。その短いエッセイで、戊辰の変（慶応四年・一八六八）にお抱えの薩摩藩主島津侯の守護に当たり、巨漢の西郷隆盛のために、自らの駕籠を提供したりした国士の熱血をもつ陣幕が、作家の祖国の傷ついた大物政治家を、旅先の病院へ見舞った件にふれているのである。

日本に生まれ育った中国人作家の眼は、相撲に関するわずかなエッセイの中でも、血につながる祖国と、言葉につながっている日本にまたがった複眼で、日本の国技といわれる相撲を見ているのであろうか。

李鴻章は、日清戦争に至る四半世紀の清国外交を一手にになった大物政治家だった。〝眠れる獅子〟と列国から買いかぶられていた清国だったが、その実態は根腐れて倒れる寸前の老木であった。その内情を知ればこそ、彼は列強との紛争を穏便に解決する方針をとり、その軟弱外交につけ込まれて、多大な領地や利権を失っていた。

義和団の乱が起ったのも、列強による中国分割競争への民衆の反乱だった。彼らは

〝扶清滅洋〞のスローガンを掲げて、果敢な反帝闘争を展開したが、その鎮圧を口実に、八カ国連合軍の侵略を招く結果となったのだった。

ところで、陣幕久五郎の晩年は、「建碑にばかり精力を注いで、一向《いっこう》に相撲社会に近づかなかったと、仲間内では評判はよくなかった。その最晩年は、相撲興行中、東両国火除《ひよけ》地で〝横綱煎餅〞を細々《ほそぼそ》と商っていたといわれている。

蕪村の俳書画三絶の「角力図」

「秋」の季題の相撲

連歌・連句・俳句には、句の季節を示すために、よみこむ季語が定められている。鶯は春、金魚は夏といった類《たぐい》である。相撲も、重要な季題となっていて、その季節は「秋」とされていた。これは、古くは相撲節会が七夕の行事だったからである。

相撲節会儀式のはじめは、天平六（七三四）年の七月七日とされ、聖武天皇が相撲戯を御覧になったと史実に記され、「文人に命じて七夕の詩を賦させる」と記されている。

延暦十二（七九三）年七月七日、桓武天皇が相撲を天覧され、この頃から毎年恒例となり、弘仁元（八一〇）年七月七日は、嵯峨天皇も相撲を天覧され、十四年つづいた弘仁年間、内裏式のなかに相撲節会の儀式制度を定めたため、節会相撲はますます盛んになったという。
しかし、相撲が宮廷行事の「相撲節会《すまいのせちえ》」からはなれ、武家を背景の格闘技を経て、江戸時代の寺社の建立や、修復のための金品をあつめる勧進相撲を興行するようになると、秋季になじまない季題になってしまった。とくに江戸後期の勧進相撲は、江戸が春秋に晴天十日間、夏は京都、秋は大阪で興行されるようになっていた。
明治の治政となり、両国に国技館が開設されてからは、一月の春場所と五月の夏場所の年二回興行。昭和二年に東京と大阪の相撲協会が合併して「大日本相撲協会」が設立されると、東京二場所、関西二場所の四場所制となった。（七年十月まで）
戦後は、昭和二十八年から、初、春（大阪）、夏、秋の四場所（初・夏・秋が東京）が行われ（四年後の三十二年に九州が加わり五場所制。そして三十三年に、初場所（一月・東京）、春場所（三月・大阪）、夏場所（五月・東京）、名古屋場所（七月・名古屋）、秋場所（九月・東京）、九州場所（十一月・福岡）の六場所制が定められた。

春夏秋冬の四季をも超える六場所時代となってしまうと、相撲は一年を通じての俳句の題材になったわけになる。

いや、すでに二百年前の明和・安永時代に関東、関西あわせて四季興行が行われるようになった時、与謝《よさ》蕪村は四季の他の季題と相撲を結んで、のびのびと詠んでいた。

蕪村は、享保元（一七一六）年から天明三（一七八三）年にかけて活躍した俳諧師、画家であった。今日では、松尾芭蕉につぐ俳人として知られているが、現存中は画家として、画料の収入で生活をたてていた。

その証左に、当時の文化人名録『平安人物誌』には、「画家」としての扱いを受けているし、現存する三百数十通の蕪村の書簡の中に、画料によって、生活していた様子が散見できる。

一例をあげてみると、安永七年十二月二十一日付の兵庫の豪商で俳人だった来屯《きたむろ》貞幹宛ての書簡には、もとをただせば会津からの依頼であった画作を、蕪村の住む町に近い兵庫の豪商来屯に送りつけ、年内に画料を頂戴したい旨のせっぱつまった書状を送っていた。

問題の件は、次の通りである。

「一、此度左之通　画相下申候。よろしく春頼候。

拾弐枚屏風押絵
是は二幅対に用候へば　六対に相成申候。

右之図は、奥州会津より之求めにしたゝめ置候所、遠境の事故急に一物《いちもつ》（注・金銭）に成かね候故、会津下しは春永にいたし下し可申と奉存候。

右の画料、銀五枚（注・二百匁《もんめ》余）にやくそくいたし、したゝめ置候。

右之図、先づ手近《てぢか》の貴境へ御めにかけ申候。貴家に御取置被候ても、不苦物《くるしからざるもの》に御座候。最早《もはや》愚老もケ様《かよう》之物したゝめ候事むつかしく候て、多く出来かね候。金三両（注・約百八十匁）くらいならば、くるしからず候。御取置被成、大事も有まいとぞんじ候。

愚老義、当冬は　古借《こしゃく》返納之限り有之、少々足り不申候に付、右之工面に取計《とりはから》い意申候。

何分御賢慮次第、御取計意可被下候。」

奥州会津から銀五枚（二百匁余）の約束で引き受けた画であるが、遠地であるから、まず近辺の来屯殿《きたむろ》に売った方が、早く現金を手にすることができる。画料は会津の注文主との約束より割安の金三両（約百八十匁）でくるしからず。ただし、老いたる愚《おろか》ものの、ずっと以前からの古借《こしゃく》（借金）の返済期限がこの年末であり、少々足りないので、当方の苦境をご賢慮して下さって、よろしくお取りはからい下さい。

……といった大意になろう。

俳書画三絶の境地

画にしろ、俳句にしろ、江戸時代に趣味を生業《なりわい》にすることは、たいへんに厳しくむずかしかった。しかし蕪村は、その厳しい生活の中で、中国文人画の南宗画様式を追った『寒山拾得図』や『清蔭双馬図』などの力作をのこし、その一方で「俳諧ものの草画」

と呼ばれる、軽快洒脱な俳画を数多くのこしていた。

「角力図」で知られた、俳書画三絶風の草画は、蕪村が相撲に対してなみなみならぬ興味と愛着をもち、その技に通じていたかを物語る至芸の一品であった。

その一筆の線描で巧みにとらえた取組みの図は、ひとまわり身体の大きな力士に、小兵力士が双差しになって、胸に頭をつけ食い下がり、大型力士は、双差しになった相手力士の腕を、カンヌキに抱えこんでいるが、小兵の腰はおりているため、タジタジの体《てい》となっている。大型力士の巨大な顎も上り、その表情がなんともユーモアにみちている。

その左脇には、小柄な行司が「ハッケヨイ!」を連呼しつつ、右に左にと機敏に動きながら、勝負のシオどきをうかがっているのである……。

蕪村は、この草画に加えて、俳諧の先達の嵐雪や、社中の柳居、太祇、門人の几董の角力にちなむ秀句を流れるような草書体で配した末に、「懐旧」と題して、自作の「負《まく》まじき角力を寝ものがたりかな」と記し「蕪村」と款署していた。

この俳書画合体の「角力図」は、蕪村が六十歳を超えた晩年の安永年間(一七七二〜

八〇）に書かれたものと考えられ、それを裏づける如瑟宛《じょしつ》ての書簡に次のように書いていた。

「あふせの通時気不正、さて〳〵こまり入申候。されど御互に無恙《つつがなく》、めでたき御事に御座候。角力《すもう》の句は、とかくしほからく相成候て、出来がたきものにて候。題を御改被成、御案可然候。

角力に老たる親など結びたる趣向・甚《はなはだ》古めかしく候。所詮句に成がたく候。それが中に麦阿句に（注・江戸の俳人佐久間柳居の号）

死ねとおもふ親も有かに角力取

此句せめてよろしく候はんと。

されど至極と申にはなく候。

この「角力図」は、蕪村が相撲に対して並々ならぬ興味と愛着を示す至芸の一品。一筆の線描で巧みに捉えた取組図は、ユーモアに満ちている。

負《まく》まじき角力ひを寝物語哉　蕪村
都辺を終《つい》の栖《すみか》や角力取　太祇
はだか身に夜半の鐘や辻角力　同
右之三句などは、まだしもよき歟にて候。
愚評の右之ごとし。今少し御案可被成候。
もしなくば、外の題に可被成候。」

一応、「角力図」に蕪村が見事な草画に添えて、書き並べた俳句は、嵐雪のあまりに人口に膾炙《かいしゃ》された次の一句から、変体がなに崩して、五句、並べたものであった。

すまひとり並ぶや秋のからにしき　嵐雪

つづいて、
死ねとおもふ親もあるかに相撲取　柳居

そして、取組みの草画を描いた、行司との間に、
都辺をつゐのすみかや角力取　太祇
やはらかに人わけいくや勝角力　几董
行司の上に、「懐旧」とした上で、自らの句
負まじき角力を寝ものがたりかな　蕪村
を揮毫していたのである。
蕪村の「角力図」にとりあげられた角力俳句は、後世にのこる名句であった。
とくに、其角とともに、芭蕉門下の重鎮であった嵐雪の「相撲取ならぶや秋の唐にしき」は、元禄年間の力士たちが、〝唐にしき〟の豪華けんらんたる化粧まわしをつけて、土俵入りをする様子を詠んだもので、いつの時代にも通じる相撲絵巻の圧巻だった。
蕪村門下で、師の寵愛を受け、安永年間から、蕪村が死の病床に臥す天明三（一七八三）年までに、無慮七、八十通の書簡を送られ、師が継いだ二世夜半亭の後を受けて三世夜半亭を名のった高井几董の「やわらかに人わけ行くや勝角力」の一句は、勝って花道を

ゆったりした足取りで引きあげて行く力士の姿を、心憎いまでに詠いあげていた。
京に住み勧進相撲をよく見ていた蕪村にも、よく知られた名句があった。

しら梅や北野の茶屋にすまひ取
夕露や伏見の角力ちりぢりに

「瘦蛙《やせがえる》まけるな一茶是《これ》に有《あり》」の名句で知られた小林一茶にも、

角力とりやはるぐ〵来ぬる親の塚
うち闇《くら》き角力太鼓や角田川
見ずしらぬ角力にさへもひいき哉

の句が残されている。

西郷隆盛の相撲好き

力士の供給地

横綱の出身地を調べてみると、面白いことに気がつく。北海道、青森、宮城の北国。千葉、鹿児島県に、きわだって多いことである。

北海道は、千代の山、吉葉山、大鵬、北の富士、北の湖、千代の富士、北勝海、大乃国と八人を数え、青森県が、鏡里、初代若乃花、栃ノ海、二代目若乃花、隆の里、旭富士の六人。宮城県が、丸山、谷風、秀の山、大砲の四人。同じく千葉県、境川、小錦、若島、鳳、鹿児島県も初代西ノ海、二代西ノ海、三代西ノ海、朝潮の四人を輩出している。

そのシコ名を見て、すぐ気をつくことは、北海道、青森の日下開山《ひのしたかいさん》が、いずれも戦後の昭和二十六年以降に推挙されている事実である。

戦後は第三十九代横綱・前田山から数えて第七十一代の鶴竜までに、三十三人の横綱が誕生しているが、そのうちの十四人が、北海道、青森に占められていることになる。最近は、ハワイ、モンゴルといった外国勢ばかりになっているが、この件はひとまずはずして国内でみるかぎり、これらの地方に傾いていることになる。

抜群の輩出率といわなければならない。

この横綱の多さは、大関、関脇といった幕内力士も多数輩出させているはずで、これらの地方が、相撲に対して熱い思い入れが強く、力士に適した骨格、膂力《りょりょく》の持主が、潜在的に多分であることがわかる。

その先祖を辿ると、あるいは東北地方に盤踞《ばんきょ》したと伝えられる〝あらえびす〟の血をひいているのかも知れない。

一方、江戸から明治にかけての横綱出身地に、東北、九州人の多い理由は、相撲は、鄙《ひな》（田舎）から都へやってきたちからびとが取り、都の人は見物するという構造になっていたからだといわれている。いわば、東北から北海道、九州といった鄙野《ひや》、僻土《へきど》の地が、ちからびとの人材供給源で、その伏流が今日にまで続いているとも考えられる。

この考えに拠《よ》ると、たしかに歴代横綱や強豪力士の多くは、東京、京都、大阪には遠い地方から出ているようだ。日本の総人口の一割を占める東京からは、戦後になって第四十代の東富士、四十四代・栃錦の二人。最近では、若・貴兄弟横綱が東京出身になるわけだが、父親の大関貴ノ花の出身地は青森である。大阪は明治期の二十六代・大錦一人。京都は絶無である。

ちからびとの供給地であれば、その地にはちからびとを発見し、育てる雰囲気があったにちがいない。

NHK大河ドラマの『跳ぶが如く』の西郷隆盛に扮した西田敏行は、秋口に入ってから肩や胸のあたりにパッドを入れ、巨漢と伝えられる晩年の西郷のイメージを、苦心して出している。西郷隆盛の嫡孫だった、参議院議員で法務大臣をつとめた西郷吉

之助の「隆盛じいさんとばあさん」によると、明治の英傑は、

「何しろ五尺九寸、二十九貫のあの巨体で、その上、現在教科書などに使われている肖像画によれば目玉が滅法大きくて怖しい。暴力団の親分と慕われても苦笑するしかない程、ただでさえ威圧的な人柄に思われるが。ばあさんはさすがに妻だっただけあって、私たち孫に向ってよく口ぐせに、

『あの肖像画は実際よりいかめしく描きすぎている。ほんとうは、先代の雁治郎によく似た好男子だったのに……』

と残念がっていた」

と、そのプロフィールを綴っている。

身長が五尺九寸、体重二十九貫——センチとキログラムに換算すると、一七九センチの一〇八キロはあったわけで、これは初代若乃花と身長、体重に関するかぎりピタリである。二十七代の名横綱・栃木山より身長で七センチ、体重一キロは、西郷ドンの方が勝っていたことになっている。裸になったら、太鼓腹の堂々たる偉丈夫だった

ことだろう。

ちからびとの供給源の薩摩の出身と、この体躯からして、西郷隆盛は相撲を好み、第十二代横綱陣幕をひいきにしていた。

横綱陣幕と取る

実は、二十数年前にベースボール・マガジン社から発行された、別冊相撲・秋季号の『国技相撲の歴史』の表紙は、富岡鉄斎の描いた相撲絵だった。

その絵の解説は、次のように記されていた。

「南画家の巨匠富岡鉄斎（一八三六～一九二四）は、維新前後に西郷吉之助と交友あり、この絵は、西郷はひいきとする横綱陣幕（左）と相撲を取り、好角家の鉄斎が描いたものと言い伝えられる。鉄斎は好んでこの画題を、酔余の一興によく描いていたという。そして、絵の右上寄りに描かれた、

「西郷氏常ニ角觝ヲ好ム。而シテ、其ノ持論以テ虚ナラザルヲ見ル可シ」

として、漢文で次の通りの賛をしたためていた。

西郷隆盛曰ク、人ハ體ヲ練ラザル（二行目『不』字脱落）可カラズ。體ヲ練ルハ心ヲ練ル所以ナリ。見ズヤ夫ノ角觝スル者ヲ。膽力剛勇、気象活溌、自ラ常人ト別ナルハ他ノ由来ナシ。平素身體ヲ鍛錬スルノミ。余力士ニ対スル毎ニ、鄙吝《ひりん》ノ念消ユ。故ニ善ク之ト交ハル。」

正七位富岡百錬寫扞録として、南画の大家は、英傑が大の相撲好きであった事実を、
人は体を練り鍛えなくてはならない。体を練ることは心を鍛えることでもあると言い、

「見たまえ、相撲を取る者を。度胸、勇気、強さ、きびきびした気だてが、自ら普通人と異なっているのは、常日頃から相撲で体を鍛え抜いているからだ。私は力士に会うごとに、こせこせした考えは消える。だから、好んで彼らと交遊するのだ」

と語っていたと記している。

そして、横綱陣幕と、土俵で取りくんでいるところが描かれているが、それを見ると、西郷はマゲを頭にのせていて、体色は濃く、逆に、日下開山の陣幕の体は白っぽく、

身長、体重ともに、英傑より小ぶりに描かれている。『大相撲の世界』には、陣幕のプロフィールは、次のように記している。

「幕末にあって、〝負けずや〟といわれた強豪横綱。入幕以来十年間、大阪の場所も含めると、九十一勝六敗二十分け二預かりで成績は抜群。横綱在位は一場所。幕末の動乱で国事に奔走し、明治維新後は大阪相撲の独立に努力した。晩年は建碑狂といわれるほど、各地に記念碑、石碑を建てた。はじめて横綱代数を定めた功績は大きい」

黒船が浦賀にやってくる嘉永六年の四年前の初土俵で、慶応三年は横綱となっていて、身長一七四センチ、体重一三九キロと記されている。身長で西郷より四センチ劣り、体重では三〇キロは重かったことになる。

入幕以来の成績が、九十一勝六敗二十分け二預かりという抜群さ。〝負けずや〟のアダ名から見て、ごひいき筋とはいえ、西郷と相撲を取って負けたとは考え難い。が、鉄斎の相撲絵で見るかぎり、土俵際で踏みとどまり、大西郷の左腕を押え、胸に頭をつけている方が陣幕となっている。

幕末、国事に奔走したという国士的人物像から想像して、あるいは明治の英傑・大西郷に心酔するあまりに、手加減をして時には八百長をやったかも知れない。

西郷隆盛が、兵を率いて西南戦争を起したのは、明治十（一八七七）年だった。七カ月余の戦いの後、九月二十四日に自刃して、戦争は終っているが、英傑の享年は数え五十だった。

陣幕が横綱となったのは、江戸末期の慶応三（一八六七）年。在位期間は一年間と短いものだったから、西郷と横綱時代に相撲を取ったとすると、西郷の三十八歳頃と考えられる。

英傑の最期は、官軍の総攻撃が始まった早朝、幹部の桐野利秋、村田新八、別府晋介らと、身をひそめていた洞窟を出て、徒《か》ちで雨飛する弾丸の中を、岩崎谷へ向った。

その途中、飛んできた弾丸が西郷の股間と腹部に命中し倒れるが、英傑はこのときはじめて、

「晋どん、晋どん、もうここらでよかろう」

と、別府晋介らに声をかけた。

負傷したため、カゴに乗っていた別府は、

「そうじごわんすかい」（そうでありますか）

と、薩摩弁で言って、カゴから下り、地上に座って、東を拝んだ後の英傑のうしろに立ち、

「ごめんなったもんし」（お許しください）

と叫んで、首をはねたと伝えられる。

西郷隆盛は、当時、陰囊水腫に患っていて、股間は肥大していたという。これでは平時であっても廻しは締められる体ではなく、好きな相撲も取れなかったはず。

英傑の最期やあわれ……。


（文中敬称略）

塩澤 実信（しおざわ・みのぶ）
長野県生まれ。日本ペンクラブ名誉会員、日本出版学会会員。東京大学新聞研究所講師、日本ジャーナリスト専門学校講師、日本レコード大賞審査員などを歴任。

著書に『出版社の運命を決めた一冊の本』（流動出版）『力士の肖像』(ベース・ボールマガジン社)『昭和ベストセラー世相史』(第三文明社)『出版　その世界』（恒文社）『動物と話せる男』（第36回青少年読書感想文全国コンクール課題図書・中学生必読書・理論社）『古田晁伝説』（河出書房新社）『昭和歌謡100名曲 1〜5』（北辰堂出版）『出版社大全』『倶楽部雑誌探究』『戦後出版史』（以上論創社）『本は死なず』『定本ベストセラー昭和史』『活字の奔流』『文藝春秋編集長』『ベストセラーの風景』『昭和の流行歌物語』『昭和の戦時歌謡物語』『昭和のヒット歌謡物語』『昭和の名編集長物語』『人間力』『平成の大横綱　貴乃花伝説』(以上展望社)ほか多数。

大相撲の力

テレビ観戦がもっと楽しめる相撲界おもしろ話

2015年9月28日　初版第1刷発行
著　者　塩澤実信
発行者　深澤徹也
発行所　株式会社 メトロポリタンプレス
〒173-0004　東京都板橋区板橋3―2―1
電話 03-5943-6430　Fax 03-3962-7115
http://www.metpress.co.jp
印刷・製本　株式会社ティーケー出版印刷

ISBN978-4-907870-23-2　C0275